EDAF

MADRID - MÉXICO - BUENOS AIRES - SAN JUAN - SANTIAGO - MIAMI

NACHO ARES

LA HISTORIA PERDIDA II

Nuevos enigmas que el hombre y el tiempo ocultaron

EL ARCHIVO DEL MISTERIO
DE IKER JIMÉNEZ

Director de la colección: Iker Jiménez

Diseño de cubierta: Miguel y Bernardo Rivavelarde

Editorial EDAF, S. A.
Jorge Juan, 30. 28001 Madrid
http://www.edaf.net
edaf@edaf.net

Ediciones-Distribuciones Antonio Fossati, S.A. de C.V.
c/ Sierra Nevada, 130 -Colonia Lomas de Chapultepec
C.P. 11000 México D.F.
edafmex@edaf.net

Edaf del Plata, S. A.
Chile, 2222
1227 - Buenos Aires, Argentina
edafdelplata@edaf.net

Edaf Antillas, Inc
Av. J. T. Piñero, 1594 - Caparra Terrace (00921-1413)
San Juan, Puerto Rico
edafantillas@edaf.net

Edaf Antillas
247 S.E. First Street
Miami, FL 33131
edafantillas@edaf.net

Edaf Chile, S.A.
Huérfanos, 1178 - Of. 506
Santiago - Chile
edafchile@edaf.net

2.ª edición, noviembre 2006

Depósito legal: M. 45.702-2006
ISBN: 84-414-1381-9

PRINTED IN SPAIN   IMPRESO EN ESPAÑA

Imprime: Anzos, S.L. - Fuenlabrada - Madrid

Índice

¿Por qué publicamos este libro?

A veces el silencio te envuelve con su grito callado. Es el silencio de un viento que lleva rondando lentamente por aquí miles de años. Tropieza con las viejas piedras, se esquina y fragmenta, recorre los ojos huecos de estos ídolos de mirada perdida en las estrellas. Quizá fijan la vista en el lugar desde el que un día llegaron.

Pensamientos como este, escritos a vuelapluma en mi cuaderno de tapas duras, me han ido familiarizando año tras año con la esencia de un concepto llamado *La Historia Perdida*.

Era frente a la *Puerta del Sol* de Tiahuanaco, en un lugar plano y alto donde solo nos observan las llamas y cuesta respirar. Atrás quedó la frontera boliviana de Desaguadero con su bullicio y su delincuencia. No estábamos tan lejos y, sin embargo, la expresión del ser con rayos en su casco llenaba todo aquel páramo de paz.

Era un dios triste, olvidado, que parecía recordar con nostalgia sus tiempos de gloria. La leyenda contaba que estuvo aquí antes que los hombres. Desde mucho antes...

En mis viajes y en mis notas he reflejado el asombro que producen en el alma —cuando está abierta a nuevas posibilidades y no enclaustrada por la ortodoxia impuesta— algunos lugares, piezas y conocimientos esparcidos por todo el mundo.

Son pequeñas o grandes herejías que quizá individualmente no cobran significado, como mensajes a la deriva que es muy difícil captar y comprender en su sentido más profundo. Pero si nos elevamos para otear el conjunto, comprobaremos que hay mil historias, mil objetos, mil enclaves que demuestran —o al menos arrojan indicios significativos— que ha existido una historia clandestina y asombrosa que siempre ha corrido paralela a la oficial. Un laberinto de acontecimientos que se detienen en algún punto del pasado como queriendo confesar que hace tiempo, mucho tiempo, los hombres quizá recibimos enseñanzas superiores de inteligencias desconocidas. Tecnologías y saberes que se perdieron. O que solo conservaron unos pocos.

Nacho Arés, director de la *Revista de Arqueología*, trazó con maestría hace unos meses un viaje fascinante por treinta de estas «fichas» que son alimento para espíritus inquietos. Nos contó cosas que no sabíamos, tramas que revocaban por completo unos hechos que creíamos habían sucedido de otro modo. Nos retrató hombres, mujeres y lugares que siguen siendo un desafío a lo convencional.

Aquella mítica noche en Valladolid, en esa Castilla donde siempre quiero volver para pensar despacio y recrearme con los pequeños detalles, dimos luz a una idea que ha prendido en lo más profundo de miles de amigos que se acercaron a aquel primer libro. Algunos nos escribían mostrando su apasionamiento por una antigua cultura o por un objeto *fuera del tiempo*. Otros, sin embargo, nos hacían saber sus anhelos por viajar hasta los confines del desierto para encontrarse con los restos de civilizaciones desconocidas que grabaron su mensaje extraño en las piedras. Todos, en definitiva, habían quedado atrapados en esa mágica espiral de *La Historia Perdida*.

No exagero al pensar que Nacho Ares, amigo noble, ponderado siempre en su escritura y equilibrista eficaz que se mantiene erguido entre los mundos de la racionalidad y las más arriesgadas posibilidades y teorías, ha contribuido decisivamente a relanzar el interés por la otra Historia. Y eso debemos agradecérselo. Miles de ejemplares y la sensación generalizada de la satisfacción de los lectores nos demuestran que se ha descubierto una veta que busca rescribir y descubrir los pasajes ocultos de nuestro pasado.

Ahora llega de nuevo este leonés de pro, que confió en mí para dar el salto a temas alejados de la sombra de sus queridos faraones, con otro saco de enigmas bien tratados con pulcritud, con todos los datos sobre la mesa... con todas las incógnitas dispuestas a sorprender a cada persona que se acerque al desafío.

Tengo la grata impresión de que hemos iniciado una saga. Una idea divulgativa nueva, directa, periodística, que sin erudición —siempre aparente pero soporífera— nos acerca las claves que nunca nos contaron.

Estoy completamente seguro de que disfrutarán sumergiéndose en estas nuevas «píldoras» que ponen patas arriba algunos conceptos importantes.

Como seguro estoy de que Nacho Ares, con la prodigiosa lupa que otea el pasado, ya está rastreando los siglos en busca de nuevas historias.

IKER JIMÉNEZ

Introducción

Como describía Iker Jiménez en la introducción de la anterior entrega de esta «minisaga», *La Historia Perdida* nació una noche de invierno en Valladolid al abrigo de una generosa fuente de ricas viandas castellanas. Iker me propuso que hiciera para la colección *El Archivo del Misterio* de la editorial EDAF una obra diferente a lo que yo había escrito hasta ese momento, que era el tema de Egipto. Buscaba algo que tuviera que ver con lo arqueológico o lo histórico y que hiciera descubrir al gran público la esencia del misterio de nuestra Historia. Y humildemente creo que entre todos lo hemos conseguido.

La razón del éxito de *La Historia Perdida* reside, seguramente, en la sencillez y naturalidad con la que se presentan los problemas en los capítulos. En todos ellos el esquema es similar: algo que dábamos por sabido, una pregunta mal intencionada que destapa un interrogante y las sucesivas explicaciones que pueden tapar de nuevo ese agujero.

No fue sencillo elegir el nombre para el título del libro. No voy a mencionarlos aquí, ya que todos ellos pueden ser susceptibles de ser reutilizados, pero la lista de posibilidades sobrepasaba la veintena con creces.

Tampoco hay que olvidar que gran parte del éxito que hoy tiene este libro se debe a la sección del mismo nombre que las madrugadas del domingo al lunes emite la Cadena Ser dentro del espacio radiofónico *Milenio 3*, dirigido y presentado por Iker Jiménez; una pequeña píldora, como a él le gusta llamar, que en apenas un par de minutos desentraña la madeja de un problema histórico.

La primera vez que oí hablar de Iker Jiménez fue cuando colaboraba junto a Fernando Jiménez del Oso y Lorenzo Fernández, director y redactor jefe respectivamente de la revista *Enigmas*, en un programa de Radio Nacional de España. Aquella tertulia la escuchaba todas las semanas con mi pequeña radio desde la biblioteca universitaria Reina Sofía de Valladolid, lugar al que iba a estudiar y leer todas las tardes cuando cursaba mi carrera en la capital castellana. Locutor y oyente éramos por aquellas fechas de comienzo de los noventa unos verdaderos críos. El destino hizo que nuestros caminos se cruzaran en Madrid y empezáramos a coincidir en multitud de eventos como si fuéramos parte de los habituales de este «mundillo» del misterio. Después vinieron los congresos, televisiones y montones de programas de radio juntos, repletos de anécdotas deliciosas en los que, entre los despistes de unos y los errores de otros, siempre acabábamos tronchándonos de risa y pasando la voz a otro invitado.

Al poco de nacer el programa *Milenio 3* Iker me brindó la posibilidad de hacer la sección *La Historia Perdida*, que ahora ve la luz en formato de libro, ya en su segunda entrega.

El éxito no se hizo esperar. Son cada vez más las personas que se sienten atraídas por los enigmas de la Historia y más en concreto de la nuestra propia. En este sentido *La Historia Perdida*, en su primera entrega, que vio la luz en la primavera de 2003, fue mi primera incursión en forma de libro en lo que son los enigmas históricos que no tienen nada que ver con el mundo faraónico, mi verdadera gran pasión. No quiero repetir lo que ya expuse en la introducción del primer volumen, tan cercana aún en el tiempo. Siempre me ha encantado la Historia y sus misterios, lanzar preguntas al aire con la idea romántica de que, quizás, nunca tengan una explicación satisfactoria.

En esta ocasión *La Historia Perdida II* continúa el hilo de la primera parte con otra sucesión de pasajes igualmente atractivos. El doble nacimiento de Felipe II, los días perdidos de la escritora Agatha Christie, las copias de la Sábana Santa, los templarios o los cátaros, entre muchos otros son, una vez más, los protagonistas de este libro escrito con grandes interrogantes. No hace falta elucubrar con teorías extraordinarias e irreales y mucho menos inventárselas para descubrir el gusto por el misterio en nuestra propia Historia.

Como ya expliqué en su momento, muchos de los textos que aquí aparecen ya han visto la luz en las páginas de revistas como *Más Allá de la Ciencia*, *Año Cero*, la desaparecida *Karma 7* y, sobre todo, *Enigmas*, que dirigida por el Dr. Jiménez del Oso me brindó la posibilidad durante cuatro años de tener en su revista mi sección «La Historia Bastarda», de donde procede gran parte del material que ahora ve la luz en forma de libro de bolsillo. No obstante, al igual que en la primera parte de este binomio histórico, algunos textos son totalmente inéditos, a lo que hay que añadir, como es lógico, que en su conjunto la totalidad de los trabajos ha sido actualizada y puesta al día tanto en sus matices como en la bibliografía que acompaña a los artículos.

Da igual por dónde se empiece. Los capítulos son independientes entre sí, aunque en ocasiones hay alguna alusión de unos a otros. Sin embargo, se pueden leer por separado dependiendo del gusto de cada lector. Ahora solamente queda elegir un capítulo, por qué no el primero de ellos, dedicado a las luces que iluminaron de forma anómala los cielos de la remota antigüedad, para comenzar a disfrutar de este singular viaje por los enigmas que el tiempo y el hombre ocultaron, *La Historia Perdida*. Una vez más, sean todos bienvenidos.

Ypsila, 1 de agosto de 2003

Los antiguos «dioses-estrellas»

¿Qué significan las estrellas que decoran la parte más alta de la Estela del rey acadio Naramsin? Dejando de lado que se trata de una representación de dioses locales, si lo cotejamos con otros ejemplos similares podemos plantearnos la opción de que nos encontramos ante un avistamiento de meteoritos o especular con posibilidades más atrevidas...

Los antiguos mesopotámicos, y en concreto los babilonios, pasan por ser el pueblo más especializado de la antigüedad en el conocimiento e interpretación de las estrellas. No en vano, las divinidades más importantes de su prolífico panteón estaban relacionadas con alguno de los planetas que componen nuestro sistema solar.

Hay investigadores, como sucede con el estadounidense de origen judío Zecharia Sitchin, que afirman incluso que los antiguos sumerios, el pueblo primigenio del ámbito cultural mesopotámico y de cuyo enigmático origen ya hablamos en el volumen anterior (ver *La Historia Perdida*, pág. 143), tenían noticia de la existencia de algún planeta de nuestro sistema solar (el Duodécimo planeta de Sitchin) que aún hoy es desconocido por nuestros astrónomos más avezados.

Prueba del interés de este pueblo por la astronomía son las numerosas estelas de piedra conservadas hasta nuestros días, sobre las que fueron grabados delicados relieves que representaban a una serie de divinidades mesopotámicas bajo la protección de varios planetas. Una de las más conocidaS —precisamente la que dio pie a que Sitchin planteara la posibilidad de que los sumerios conocieran la existencia de un planeta más en nuestro sistema solar—, es el famoso *kudurru* o mojón del rey de Susa Melishipak II, fechado hacia el año 1000 a. C. y que se conserva en la actualidad en el museo parisino del Louvre. Sobre él se representaron diferentes estadios del cielo con los símbolos de los veinticuatro cuerpos celestes: los doce signos del zodíaco y los doce planetas de nuestro sistema solar, contando como tales al Sol y a la Luna.

En lo alto de este mojón podemos observar una de las constantes en este tipo de estelas: la representación del dios Sin, la Luna y de Shamash, el Sol, que se colocan a los lados de una estrella, el planeta Venus, el dios Inanna. Conserva-

La Estela de Naramsin.
Museo del Louvre, París.

Kudurru de Melishipak II.

mos numerosas estelas y *kudurrus* con esta triple representación en lo alto de la piedra. Sin embargo, existe solamente una en la que este esquema tripartito es dejado de lado en favor de una nueva representación.

La famosa estela del rey acadio Naramsin (ca. 2250 a. C.) pasa por ser una de las joyas del arte mesopotámico de todos los tiempos. Conservada en la actualidad en el Louvre, este monolito de piedra arenisca rosácea mide dos metros de altura y un metro y cinco centímetros de anchura. En un principio fue levantada en la ciudad de Sippar —Babilonia— para homenajear a la figura de Naramsin (2254-2218 a. C.), nieto del todopoderoso Sargón, para ser trasladada poco más de mil años después a la ciudad de Susa como botín de guerra, añadiéndole entonces la inscripción elamita que se aprecia sobre la montaña.

La escena grabada en el relieve ofrece la victoria de Naramsin sobre el imperio de Ebla. El rey corona una montaña de cedros y está tocado con el casco de cuernos de los antiguos dioses locales. De esta manera, se vanagloriaba de su triunfo sobre las poblaciones de los montes Zagros, lugar

Segunda cara del Kudurru *de Melishipak II.*

de donde Enlil haría llegar a los invasores guteos —«numerosos como saltamontes»—, según relata una inscripción de la época.

Desde el punto de vista artístico, el hecho de que las figuras no aparezcan colocadas en registros superpuestos y exista un paisaje figurado lo convierten en un objeto extraordinariamente singular para su época. Pero no es este significativo detalle lo que ha llamado la atención de los investigadores. En la Estela de Naramsin aparece la montaña coronada al menos por tres estrellas, dos de las cuales son fácilmente reconocibles, mientras que de la tercera solamente se observan los rayos que emanan de su núcleo.

Debemos reconocer que nos encontramos ante una representación única dentro del arte mesopotámico, tanto en lo que respecta al estilo del relieve como en la presencia de las enigmáticas estrellas. Por otro lado, salta a la vista que la interpretación más recurrente que se puede hacer de esta singular estela de arenisca, es que la escena no muestra otra cosa que el beneplácito de los dioses estelares ante la victoria de su rey protegido, Naramsin. Sin embargo, esta explicación no cuadra con otros ejemplos conocidos ya que, como hemos visto más arriba, este tipo de «apoyos» divinos suelen ser respaldados por la representación de varias divinidades-planeta y nunca por estrellas de interpretación, en este caso, ambigua.

¿Quiso Naramsin dejar constancia de la aparición en el momento de la batalla de algún tipo de meteorito, que él interpretó como una señal inequívoca enviada por los dioses? O por el contrario, ¿tiene algún paralelismo con las extrañas luces que se vieron en el cielo en otra batalla, en este caso en la región sur de Egipto llamada Gebel Barkal, luces que ayudaron a Tutmosis III a vencer a los nubios?

En el Museo de Jartum, en Sudán, se conserva la llamada Estela de Gebel Barkal.

La pieza apareció entre unos escombros situados frente a una columna del primer patio (el B 501) en el gran templo de Amón, frente a la cara este de Gebel Barkal, «la montaña sagrada». La estela es de granito gris de la tercera catarata del Nilo (Tombos), y tiene 1,73 metros de altura, 0,97 de ancho y 0,15 de grosor.

El contenido de los jeroglíficos, en ocasiones no muy bien conservados, que dejaron los antiguos egipcios sobre esta losa nos recuerda el mismo tema de la decoración de la Estela de Naramsin. Allí aparece el registro de las campañas más importantes del faraón Tutmosis III en Asia —hacia mediados del siglo XVI a. C.—, grabadas también sobre los muros del templo de Karnak en Tebas, hoy Luxor.

Para lo que nos interesa tenemos que destacar las líneas 33, 34, 35 y 36 del texto de la Estela de Gebel Barkal de las que faltan unos 19 centímetros al comienzo de cada una de ellas. Allí se describe la aparición de una misteriosa estrella luminosa aparecida sobre el campo de batalla y que atacó a los enemigos del faraón (los nubios), para después volver a desaparecer en el cielo de forma tan misteriosa como había aparecido. La traducción del documento siguiendo la edición del texto del americano George Reissner es la siguiente:

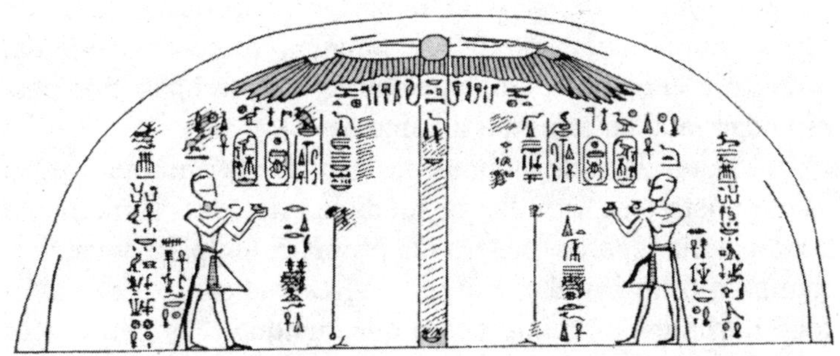

Dibujo en tinta de la luneta de la Estela de Gebel Barkal.

(33) [faltan 16,85 centímetros] *Escuchad, ¡oh pueblo de la Tierra del Sur!, que estáis [viviendo] en la montaña sagrada llamada «Trono de las Dos Tierras» entre las gentes [¿de Egipto?] [aunque esta tierra] era desconocida. Conoced el milagro de Amón Ra, en presencia de las Dos Tierras. Algo que nunca ha sido visto.* (34) [faltan 18 centímetros] *[...¿Los guardas?] estaban viniendo con el fin de hacer por la noche (el cambio regular de) la guardia. Había dos guardias (sentados uno frente a otro). Una estrella vino aproximándose desde el Sur. El hecho nunca había sucedido. [La estrella] se colocó sobre ellos y ninguno entre ellos pudo permanecer (allí).* (35) [faltan 19,75 centímetros] *Se giró como si nunca hubieran existido y entonces ellos cayeron sobre su sangre. Ahora [la estrella] estaba detrás de ellos (iluminando) con fuego sus rostros; ningún hombre entre ellos pudo defenderse, ninguno miró alrededor. Ellos no tenían más caballos ya que (estos) atemorizados habían huido a la montaña.* (36) [faltan 20,75 centímetros] *[Tal es el milagro que Amón hizo por mí, su amado hijo] con el fin de hacer ver a los habitantes de las tierras extranjeras el poder de Mi Majestad.*

En la luneta de la estela, la parte superior de la losa con forma semicircular no posee ninguna representación del milagroso encuentro, solo una entrega de ofrendas, tipología estandarizada en este tipo de objetos.

La naturaleza de algunos pasajes resulta ambigua. ¿Qué es esa misteriosa estrella que ronda los cielos en el momento de la batalla y parece tener vida propia como para detenerse, iluminar, fulminar al enemigo y regresar al cielo? La egiptóloga Barbara Cumming piensa que, aunque el origen exacto es incierto, por la descripción podría tratarse de un meteorito o posiblemente el fenómeno llamado *ball lightning* («bola luminosa», quizá un relámpago globular), cuya existencia ha sido demostrada aunque no explicada. Otros investigadores como Serge Sauneron creen, sin embargo, que se trata de un cometa, quizás el conocido Halley. Por la fecha de la batalla, hacia el año 1457 a. C., podría hacerse coincidir con el 1465 en que apareció este cometa sobre nuestro planeta. Finalmente, Dimitri Meeks es de la opinión de que la estrella es un simple meteorito.

Meteorito, cometa, alucinación, mentira o incluso, por qué no, lo que hoy denominaríamos OVNI, Objeto Volante No Identificado, nadie ha puesto la última palabra en la explicación sobre la presencia de estas extrañas luces tanto en la Estela de Naramsin o en la descripción de Gebel Barkal.

Grupo de soldados nubios. Imperio Medio. Museo de El Cairo.

Bibliografía

ARES, Nacho: *Egipto Insólito*, Ed. Corona Borealis, Madrid, 1999 (Segunda edición ampliada en 2003).

KOLOSIMO, Peter: *Astronaves en la prehistoria*, Ed. Plaza & Janés, Barcelona, 1973.

LARA PEINADO, Federico: *Leyendas de la antigua Mesopotamia*, Ed. Temas de Hoy, Madrid, 2002.

Capítulo 2

El misterio de las trepanaciones neolíticas

Son muy numerosos los investigadores que creen que el origen de la trepanación de cráneos se encuentra en un punto más cercano a la magia que a la medicina. Prueba de ello son los innumerables ejemplos descubiertos hasta la fecha. Resulta increíble que casi el veinte por ciento de una población primitiva necesitara de este tipo de cirugía por lo que cabría preguntarse qué significado mágico se esconde tras estas extrañas operaciones quirúrgicas.

Cortó el cuero cabelludo y esta vez evitó cuidadosamente la hemorragia. Las venas del borde de la herida fueron cuidadosamente cauterizadas y la efusión de sangre fue parada por medio de medicamentos. (...) Después de haber limpiado el cráneo, Ptahor mostró a todos los asistentes el sitio donde el hueso había sido hundido. Utilizando el trépano, la sierra y las pinzas, levantó un trozo de hueso grande como la mano y mostró a todo el mundo cómo la sangre coagulada se había adherido a los pliegues blancos del cerebro. Con una prudencia extrema, retiró los coágulos de sangre uno a uno y una esquirla de hueso que había penetrado en el cerebro. (...) Enseguida Ptahor cerró el agujero con una placa de plata que se había preparado entretanto con el modelo del hueso retirado y la fijó con unos pequeños garfios. (...) Se desató al esclavo, le vertieron vino en la garganta y se le hizo respirar algunos medicamentos fuertes. Al cabo de un instante se sentó y comenzó a lanzar maldiciones.

Este pasaje, extraído de la genial novela *Sinuhé, el egip-cio*, escrita por el finlandés Mika Waltari, describe con sumo detalle la realización de una exitosa trepanación. En este ejemplo el carácter médico de la operación salta a la vista, sin embargo, se cuentan por cientos los ejemplos conservados de cráneos trepanados en los que se advierten motivaciones puramente rituales que hasta hoy nadie ha sabido explicar.

Desde muy antiguo el hombre ha creído que el centro neurálgico del pensamiento y del funcionamiento de su cuer-po se encontraba en la cabeza. Esta conclusión a la que pudieron haber llegado tras comprobar que tras la decapita-ción, la muerte de un hombre era fulminante, no fue óbice para que otras civilizaciones de la antigüedad mantuvieran la tradición de que los pensamientos y los sentimientos residían en el corazón. Sin embargo, la curiosidad por conocer qué contenía la cavidad craneana, lugar en donde, por ejemplo, se hallaba el órgano de la vista, alcanzó límites insospechados.

Aunque en el ejemplo de arriba hemos destacado una tre-panación egipcia de 1400 a. C., las primeras trepanaciones conocidas se datan en el epipaleolítico, si bien es cierto que la creencia generalizada de los expertos se encamina a pen-sar que, muy probablemente, el origen de esta misteriosa operación se encuentra mucho antes. Con todo, el momento de mayor florecimiento de esta extraña técnica quirúrgica es en el Neolítico.

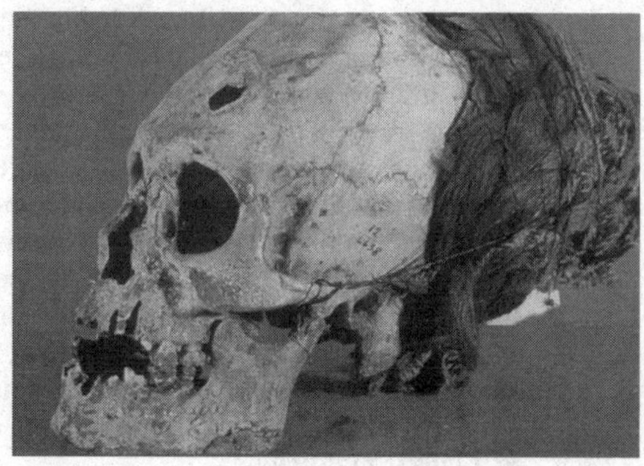

Antiguo cráneo con restos de trepanación.

Los datos de este período son escalofriantes. Solamente en Europa se conservan más de 500 cráneos trepanados de esta época y algunos de ellos con varias incisiones. En algunas regiones de Francia, país en donde se conservan más de 250 cráneos trepanados, los enterramientos realizados en cuevas han ofrecido datos espectaculares. Por ejemplo, en Baumes-Chaudes, de los 350 cadáveres inhumados, 60 habían sufrido una o varias trepanaciones, es decir, un 17% de los pobladores. Otro dato interesante es que la gran mayoría de ellos, no solamente en este lugar sino también en otros, pertenecen a varones.

También conservamos ejemplos estremecedores al otro lado del Atlántico. Fue precisamente en Perú, en donde el investigador Squier halló en 1863 un cráneo trepanado. En este momento comienza el estudio sistemático de este tipo de arriesgadas operaciones quirúrgicas llevadas a cabo por varias culturas precolombinas y su comparación con los primeros cráneos descubiertos en Francia.

Las herramientas empleadas eran muy primitivas: cuchillos o cinceles de sílex para cortar y hacer de palanca para la extracción del hueso, junto a medidas terriblemente precarias en lo que concierne a la higiene, debieron de ser los métodos empleados para trepanar a un desgraciado, seguramente drogado con algún tipo de narcótico.

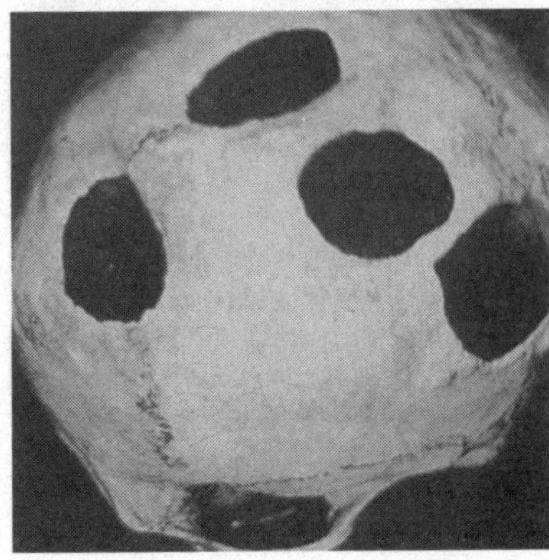

Cráneo con cinco trepanaciones.

Son innumerables las preguntas que se plantean a la hora de estudiar las trepanaciones. El hecho de que fueran realizadas sobre un gran número de habitantes de un mismo poblado parece indicar claramente que su función, más que medicinal, estaba encaminada a alguna suerte de rito mágico, quizás iniciático, al que se debían someter un grupo de personas de una condición determinada y que hasta ahora desconocemos.

Y lo más curioso es que no todos perecían en esta arriesgada operación. La cicatrización ósea observada en algunos cadáveres europeos o andinos, denota claramente que el sujeto sobrevivió milagrosamente a la trepanación por mucho tiempo. Quizás fueran estos elegidos los que adquirían una condición especial dentro de la sociedad tribal tras haber superado tan terrible prueba.

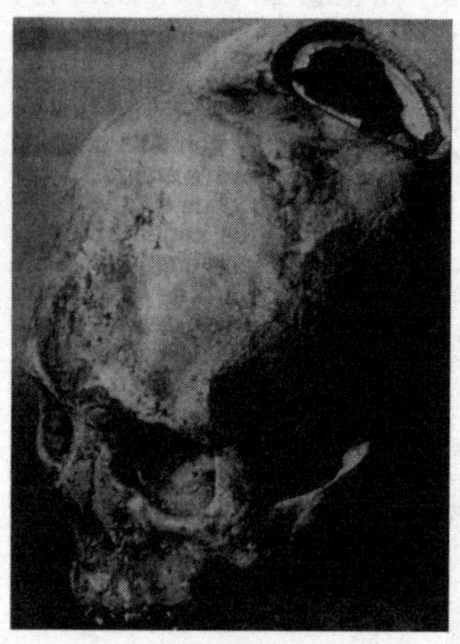

Cráneo con trepanación en la parte posterior.

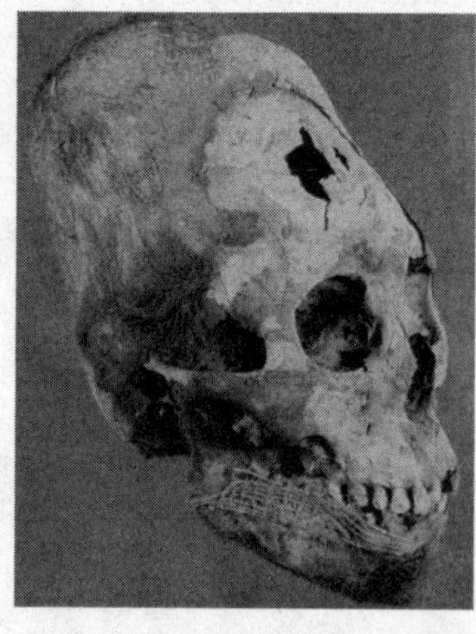

Cráneo peruano alargado y trepanado.

Bibliografía

WALTARI, Mika: *Sinuhé el egipcio*, Ed. Plaza & Janés, Barcelona, 2000.

DAVID R. & ARCHBOLD R.: *Conversations with mummies*, Ed. HarperCollins Illustrated, Londres, 2000.

Herramientas egipcias de un médico.

Capítulo 3

La *Puerta del Sol* de Tiahuanaco: ¿recuerdo del Paleoceno?

Cada vez son más numerosas las pruebas que podrían llegar a demostrar que el hombre protagonizó grandes civilizaciones miles de años antes que las que conocemos. A los descubrimientos geológicos y arqueoastronómicos hallados en la meseta de Gizeh, Egipto, que datan de 7000 a. C., ahora se unen otros hallazgos en el continente americano que hacen temblar los pilares básicos del origen del hombre.

La región de Tiahuanaco se encuentra en un lugar elevado del altiplano boliviano, exactamente a cuatro mil metros de altura y a poco más de veinte kilómetros de la margen sudeste del famoso lago Titicaca. Debido a la desecación continuada que ha sufrido este lago, muy probablemente Tiahuanaco estuvo junto a sus orillas en la antigüedad.

Mencionada ya por los primeros cronistas españoles como Cieza de León en una fecha tan temprana como el 1550, la cultura de Tiahuanaco nace en algún momento que rodea el comienzo del siglo III a. C., para finalizar en el 1000 d. C., poco menos de quinientos años antes de la llegada de los españoles.

En la zona de Tiahuanaco propiamente dicha, podemos encontrar los mejores vestigios del arte de esta cultura en su período clásico. Allí se encontraba la ciudad que debió de alcanzar tres kilómetros cuadrados y albergó a casi 20.000 almas en su momento de máximo esplendor.

La parte más importante del recinto está compuesto por el Kalasasaya. Construido según los arqueólogos entre los siglos IV y V d. C. se trata de un gran rectángulo de 128 por 118 metros al que se tiene acceso a través de seis gradas que dan al patio interior del recinto de 80 por 65 metros. Allí se levanta una de las representaciones más destacadas del arte de Tiahuanaco, la llamada *Estatua del Fraile*.

En el ángulo noroeste del Kalasasaya se encuentra según los expertos, uno de los exponentes más importantes de la escultura tiahuanaquense, la *Puerta del Sol*. Labrada en un gigantesco monolito de andesita mide 3,8 metros de anchura, 2,8 de altura y setenta centímetros de grosor. La puerta que se abre en su parte central posee dimensiones un tanto minúsculas: tiene una altura de 1,40 metros y 60 centímetros de anchura. En total, su peso alcanzaría las diez toneladas.

La Puerta del Sol *en Tiahuanaco.*

El lado oriental de la puerta es conocido por poseer el famoso *Friso del Calendario*. El bajorrelieve está presidido en la parte central por una extraña figura que reposa sobre una pirámide escalonada y porta una máscara emplumada. Según la mayoría de los expertos representaría bien al Sol, de ahí el nombre de la puerta, o al mítico Viracocha, dios creador en las leyendas andinas. Con los brazos abiertos, la figura sujeta en ambas manos sendos cetros con cabezas de pumas y cóndores.

La Estatua del Fraile
en Tiahuanaco.

Alrededor de esta entidad principal existen dos grupos de veinticuatro figuras dispuestas en tres frisos diferentes, que forman a su vez tres categorías diferentes de divinidades o monstruos. Ataviados con máscaras y plumas, solamente la fila del centro parece haber sido identificada con una especie de cóndor.

Sin embargo, lo que nadie ha podido explicar realmente es qué significan las extrañas figuras de animales que recorren el friso más bajo del dintel de la puerta, animales que para nada pueden vincularse a la fauna bajo la que supuestamente se edificó este monumento, recordemos que del siglo V d. C.

A lo largo de una línea continua de casi cuatro metros existe una especie de meandro que combina elementos geométricos con otros de animales. El investigador Graham Hancock en su libro *Las huellas de los dioses*, menciona varios descubrimientos curiosos. Según Hancock, algunas de las figuras de los cóndores allí representados guardan un mensaje críptico. En la tercera columna comenzando por la derecha y también en la tercera de la izquierda, se puede apreciar cómo dos de estas aves forman la silueta de un elefante, provisto de orejas, colmillos y trompa.

Como pudo comprobar más tarde Hancock, no se trataba exactamente de un elefante sino de un *Cuvieronius*, un pro-

Patio del Kalasasaya.

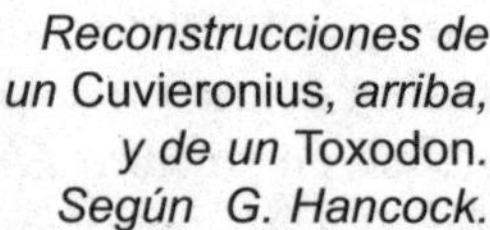

Reconstrucciones de un Cuvieronius, *arriba, y de un* Toxodon. *Según G. Hancock.*

boscídeo similar al elefante que había sido abundante en la meseta de los Andes hasta su extinción hacia el año 10000 a. C.

Otro de los animales extintos ya mencionado por otros investigadores, era el *Toxodon*. Este mamífero anfibio, bajo y grueso, también se extinguió hace doce mil años, a finales del Paleoceno.

¿Significan estos enigmáticos relieves que las grandes civilizaciones que poblaron América ya existían mucho antes de lo que pretende demostrar la arqueología tradicional? ¿Son realmente representaciones de animales extintos hace tantos años o se debe a la simple casualidad la formación de estas extrañas figuras que nadie ha podido explicar?

La Puerta del Sol *en Tiahuanaco.*

Bibliografía

HANCOCK, Graham: *Las huellas de los dioses*, Ediciones B, Barcelona, 1998.

HANCOCK, Graham: *El espejo del paraíso*, Ed. Grijalbo, Barcelona, 2001.

Capítulo 4

Desenmascarados por la Geología

La arqueología se ha convertido en una ciencia interdisciplinar a la que aportan sus estudios multitud de especialidades. Una de las más importantes es la geología que, mediante el análisis directo de los lugares en donde se realiza la excavación, ha ofrecido datos en muchos casos desconcertantes sobre la datación de algunos monumentos.

No es la primera vez que el estudio geológico de una zona concreta del planeta ofrece referencias estremecedores sobre el origen de nuestra civilización. La ayuda que recibe la arqueología —un instrumento técnico de la ciencia histórica— de algunas ciencias aparentemente ajenas como la informática, la física, la química o la mencionada geología ofrece novedosos puntos de vista en algunas investigaciones. Muchos de estos resultados pueden quizás retrasar el nacimiento de la cultura humana y fecharlo en un momento más antiguo de lo que se había pensado en un principio. Las dos pruebas que aquí expongo son un buen ejemplo de ello.

A comienzos de los años noventa el geólogo estadounidense Robert Schoch, de la Universidad de Boston, ofreció a la opinión pública los resultados de sus últimos estudios en la Esfinge de Gizeh, en Egipto. La erosión que sufría este león del desierto, lejos de haberse producido gracias al aire que durante siglos ha asolado esta planicie situada a las afueras de El Cairo, solamente puede ser producto de la intensa actividad del agua. Partiendo de esta base, el único momento de la historia de Egipto en el que este hecho se pudo haber producido no es precisamente la IV dinastía (ca. 2.500 a. C.), fecha en la que los egiptólogos datan este monumento, sino en algún momento desconocido entre el año 7000 y el 5000 antes de nuestra era.

La Gran Esfinge de la meseta de Gizeh.

Lógicamente, las autoridades académicas no estaban dispuestas a aceptar esta desestabilizadora cronología. Sin embargo, en el congreso de la Sociedad Americana de Geología celebrado en 1992, foro en el que Schoch expuso sus estudios, a todos les pareció ridículo que los egiptólogos negaran estos datos. E incluso se reían de ellos, toda vez que parecía asombroso que no se hubieran dado cuenta antes de unos detalles tan sencillos. Los estratigrafistas y paleontólogos afirmaron que las marcas que posee la Esfinge se debían a «una erosión inducida por precipitaciones».

El problema es que los historiadores siguen agarrándose a datar el león por el entorno arqueológico que posee, es decir, la IV dinastía: eso sería equivalente a fechar la catedral de León, levantada en el siglo XIII, por la tienda de electrodomésticos que tiene frente a ella.

Quizás sea más problemático el estudio geológico que se hizo en el siguiente caso. A casi 12.500 kilómetros al oeste de la meseta de Gizeh, en México, al igual que sucede con otros países que poseen restos arqueológicos de la época precolombina, son numerosos los yacimientos que podrían ser

Lado norte de la Gran Esfinge de Gizeh, Egipto.

datados en fechas anteriores a las que actualmente se les da.
Muy pocos yacimientos de México son fechados antes que el
nacimiento de Cristo. Entre los «afortunados» está la cultura
de Cholula, con uno de los yacimiento más importantes de
Puebla. Sin embargo, el lugar del que vamos a hablar, de con-
firmarse los estudios geológicos realizados en el primer tercio de nuestro siglo y que hasta la fecha no han sido refuta-
dos, podríamos estar ante un yacimiento de hace casi nueve
milenios.

Aspecto de la erosión de la cubeta
de la Esfinge.

Al sur del campus de la Universidad de Ciudad de México se encuentra la carretera que une la capital con la población de Cuernavaca. Al poco de salir del Distrito Federal
podemos encontrar los restos de una extraña pirámide que ha
levantado más de una controversia entre los investigadores.

Su planta es circular al igual que sucede con otras pirámides cercanas como la de Cuicuilco, que según todos los
arqueólogos, es la más antigua de México (ca. 400-300 a. C.).
Sin embargo, la construcción a la que nos referimos posee
una serie de particularidades que la distinguen bastante bien.
Por ejemplo, la complejidad de su estructura interna provocó
que pronto recayeran sobre esta curiosa pirámide las miradas

Pirámide de Cuicuilco en México.

de varios investigadores. Pero esta curiosidad no tenía nada que ver con el extraordinario descubrimiento que realizaron los arqueólogos a mediados de los años veinte.

Al poco de comenzar las excavaciones se descubrió un manto de lava que parcialmente había tapado la pirámide circular. Previendo nuevas expectativas en los posibles resultados que se podían extraer del estudio de esta lava, los arqueólogos invitaron a varios geólogos para que realizaran una serie de estudios científicos en el lugar y dataran la lava. Esta había cubierto antiguamente tres costados de la pirámide y algo más de 155 kilómetros cuadrados en aquella región al sur de Ciudad de México.

Los resultados de los geólogos fueron sorprendentes. Según estos investigadores la fecha más cercana en la que podrían encasillar la erupción del volcán no podía ser posterior al 5000 a. C.

Lógicamente la respuesta de los arqueólogos no se dejó esperar. Era imposible, desde su punto de vista que ninguna civilización hubiera construido en esa fecha una pirámide de ese tipo, por la sencilla razón de que, en aquellos años, no había nadie con tal tecnología que pudiera levantar un monumento de tal magnitud.

Años más tarde el arqueólogo estadounidense Byron Cummings, enviado bajo el mecenazgo de la *National Geographic Society*, continuó las investigaciones en el lugar. Su análisis de los estratos que aparecieron bajo y sobre la capa de lava y las diferencias encontradas entre los mismos, no le dejaron la menor duda. Aquel monumento era la construcción más antigua descubierta hasta la fecha en el continente americano. Y por si fuera poco, Cummings, en un artículo publicado en el *Boletín de la Universidad de Arizona* que llevaba por título *Cuicuilco and the Archaic Culture of Mexico*, retrasaba aún más la cronología anteriormente proporcionada por el equipo de geólogos. En este trabajo defendía que la pirámide circular comenzó a ser abandonada hace unos 8.000 años, es decir el 6000 a. C., lo que conllevaba implícitamente que su utilización como centro religioso podía ser incluso anterior.

Ermita de Nuestra Señora de los Remedios sobre la Gran Pirámide de Cholula, México.

Son solamente dos ejemplos de una larga lista compuesta por yacimientos en prácticamente todos los lugares del planeta. Tampoco ofrecen cronologías demasiado fantásticas, solamente habría que retrasar la cronología oficial en 4.000 o 5.000 años. El problema está en que, como sucede con Egipto y con México y en esto tienen razón los arqueólogos, no hay absolutamente ningún material histórico o arqueológico que pueda llenar esos milenios de aparente vacío. Todo parece que fue como una gran sueño en el que el hombre durmió durante cinco mil años hasta despertar en el Neolítico, sin recordar absolutamente nada de lo que sucedió antes que él.

Puede que la solución esté ahí y que no sea necesario rebanarse tanto los sesos con teorías fantásticas, quizás el origen del hombre es anacrónico, hasta tal punto que nadie lo pudo haber imaginado antes.

Bibliografía

SCHOCH, Robert: *Escrito en la rocas*, Ed. Oberon, Madrid, 2002.

SCHOCH, Robert: *El viaje de los constructores de pirámides*, E. Oberon, Madrid, 2003.

Capítulo 5

Museos y falsificadores

Parece paradójico pero es una realidad terriblemente extendida. Incluso en los museos más prestigiosos del planeta, se exhiben piezas cuya autenticidad está pendiente de un hilo. Auténticas obras de arte que en su tiempo pasaron los exámenes más rigurosos pero que, a la postre, se han demostrado que son totalmente falsas.

Desde que leí el libro de John F. Moffitt *El caso de la Dama de Elche, crónica de una leyenda* había anotado en mi cuaderno de viajes realizar una visita muy especial, visita que pude culminar el 13 de febrero de 2001.

La temperatura parecía ideal para ser una mañana de invierno londinense. A las diez en punto abrió sus puertas el Victoria & Albert Museum, en South Kensington, junto al extraordinario Museo de Ciencias Naturales. Por pocas libras puedes disfrutar de una de las colecciones de arte y objetos extraños más curiosas de todo el mundo.

Muy amablemente una dependienta me entregó un plano del edificio y me explicó cada una de las zonas principales del museo. Sin dudarlo dos veces busqué de inmediato la referencia que traía anotada desde España tomada del libro de Moffitt. Efectivamente las British Galleries se encontraban en la planta superior. Tras subir las escaleras y mirar de reojo la impresionante colección de vestidos de todas las épocas, el ala occidental me ofreció lo que estaba buscando.

Moffitt no había exagerado un ápice cuando describía en su libro que se trataba de un retrato muy hermoso. Sí que lo era. Junto a una pared se encontraba el busto de Lucrezia Donati. Se trata de un busto de mármol de sesenta y cinco centímetros de altura. Todos los críticos afirmaron en su tiempo que se trataba de una figura «realista pero vagamente clásica y ejecutada *en baste*». Nada tendría de extraño esta pieza si no fuera porque durante décadas se pensó que realmente se trataba de un retrato auténtico realizado por un escultor italiano en el Quattrocento. La retratada era ni más ni menos que Lucrezia Donati, la melancólica amante de Lorenzo el Magnífico, duque de Florencia. Sin embargo, no tardó en salir a la luz que el verdadero autor de esta excepcional obra de arte, porque sin lugar a duda lo es, era el escultor Giovanni Bastianini, quien tres años antes de fallecer realizó esta increíble reconstrucción ideal del rostro de la mujer que, lógicamente, nunca llegó a ver con sus propios ojos.

Lo más insólito de todo es que después de numerosos estudios y de diferentes análisis estilísticos los propios críticos de arte reconocieron el valor de esta obra. Otto Kurz, por ejemplo, reconoció que «este busto tiene, sin embargo, un encanto indudable y merece el puesto de honor que se le ha

Reconstrucción de la Dama de Elche
tal y como apareció en 1897.

otorgado en el Victoria & Albert Museum de Londres como ejemplo destacado del arte italiano, pero del siglo XIX».

Desde luego que no nos enfrentamos a algo extraordinario. Como ya he adelantado más arriba, todos los museos del mundo, incluso los más prestigiosos, poseen piezas de este tipo. La colección egipcia del Museo Británico está repleta de interrogantes. También es cierto que en el caso de Lucrezia Donati los ingleses tuvieron un estilo sin igual para enmendar su error, reconociendo la maestría del artista.

Muy cerca de nosotros, el Museo Arqueológico Nacional de Madrid cuenta con varios ejemplos. La sala de antigüedades egipcias, la número XIII, está llena de objetos cuya autenticidad es más que dudosa. Si dejamos de lado la estatua de basalto de un halcón de época tardía cuya legitimidad ha sido puesta en duda en más de una ocasión, el ejemplo quizás más conocido sea el de uno de los sarcófagos que allí se exhiben. Y todo porque la propia etiqueta del museo reconoce que se trata de una momia falsa.

Retrato de Lucrezia Donati, por Giovanni Bastianini. Victoria & Albert Museum Londres.

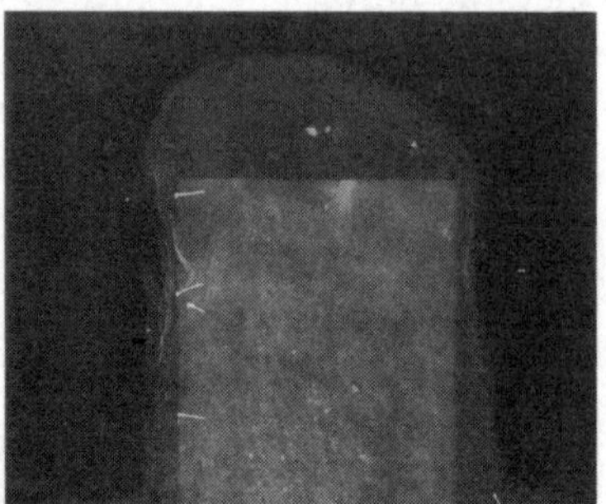

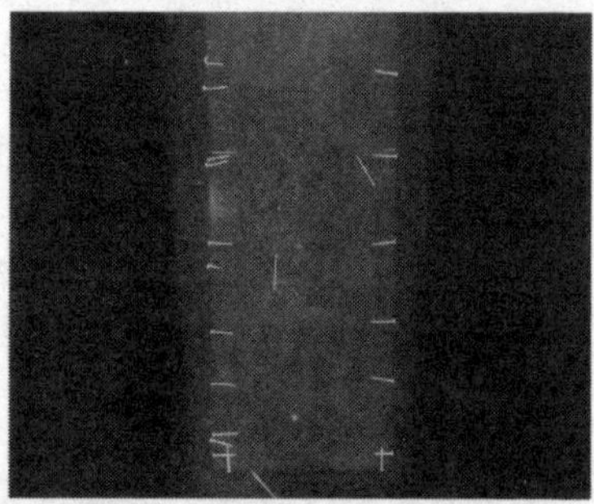

Radiografías del interior de la falsa momia de Nesmin en donde se puede ver la tabla del interior. Museo Arqueológico Nacional (Madrid).

Aspecto exterior de la momia de Nesmin. Museo Arqueológico Nacional (Madrid).

Con el supuesto nombre de Nesmin, hijo de la señora de la casa Iseturet, en la vitrina número catorce de la sala de Egipto está expuesta una simple tabla con clavos que fue rellenada con burdas telas de sacos y vendada superficialmente hasta adquirir la apariencia humana. Sobre ella hay cuatro cartonajes, eso sí, auténticos, uno de ellos correspondiente a la máscara que junto a algunos otros aderezos faraónicos de Época Tardía le dan cierto halo de rancia autenticidad a esta tabla embalsamada. Y lo cierto es que nunca se supo que se trataba de una falsificación hasta que Esteban Llagostera Cuenca realizara las correspondientes radiografías en los años setenta, planchas que por cierto se exhiben junto a la propia momia en el mismo museo. La falsificación debió de ser realizada en el siglo pasado antes de que el dueño de la momia, el diplomático catalán Eduardo Toda, la legara en 1887 junto a otras piezas que componen la sala egipcia del Museo Arqueológico Nacional. Hoy en día, en palabras de María del Carmen Pérez Díe, encargada de la sección egipcia del museo; «esta momia falsa se exhibe como simple curiosidad ya que se ha encontrado la documentación que explica que no es más que una reconstrucción museística del siglo XIX».

No muy lejos de esta momia, en la planta principal del edificio se conserva la pieza que más polémica ha arrastrado en los últimos años. Me estoy refiriendo a la Dama de Elche. No insistiré en este detalle toda vez que ya se profundizó en él en la primera entrega de *La Historia Perdida* (véase pág. 85). Sin embargo, es toda una realidad.

No es extraño escuchar en los medios de comunicación que las grandes subastas de arte de Londres o Nueva York sacan a la palestra obras de arte de dudosa procedencia. *Los Girasoles* de Vincent van Gogh, hoy en el Museo Británico o incluso la mismísima *Gioconda* de Leonardo da Vinci, conservada en el Louvre, son algunas de las obras de arte más universales que han estado en el ojo del huracán.

Otro caso conocido y más cercano en el tiempo (septiembre de 2003) es el llamado *Jarrón Portland*, fechado desde siempre por los expertos del Museo Británico en donde se conserva como una pieza del siglo I de nuestra era, mientras que para Jerome Eisenberg, experto estadounidense del Metropolitan de Nueva York, un trabajo del Renacimiento. El *Jarrón Portland* es una pieza de cristal y según un artículo aparecido en la prestigiosa revista arqueológica *Minerva*, escrito por el propio Eisenberg, existen numerosas contradicciones e incongruencias entre la pieza y sus supuestos orígenes.

El jarrón fue descubierto en 1590. Se trata de una vasija de cristal de dos asas, con un fondo azul cobalto y siete figuras de color blanco que representan a seres mitológicos. La interpretación de la escena sigue siendo otro de los interrogantes del misterioso *Jarrón Portland*, a la que se le han dado más de cincuenta significados diferentes. Precisamente, la ausencia de algunos detalles identificativos de las divinidades grabadas en el vaso, es uno de los principales argumentos para demostrar la falsedad de la pieza, siempre según Eisenberg.

Algo parecido sucede con una estatua de Sesostris III adquirida por el multimillonario François Pinault en una subasta de arte. Después de recibir el visto bueno por parte de varios egiptólogos acreditados del Museo del Louvre, un análisis de pátina de la pieza dio como resultado que podría tratarse de una obra, no del Imperio Medio sino posterior, aunque faraónica. También hay quien dice que es incluso una falsificación moderna. En definitiva, todo un peligro para los verdaderos amantes de la historia y su arte.

Bibliografía

MOFFITT, John: *El caso de la Dama de Elche. Crónica de una leyenda*, Ed. Destino, Barcelona, 1996.

Capítulo 6

Un túnel en el Valle de los Reyes hacia el Amenti

Rodeado de una nebulosa leyenda que sigue amenazando al paso del tiempo, la tumba de Seti I en el Valle de los Reyes guarda con más celo que nunca uno de sus secretos más inescrutables. Un misterioso pasadizo parte de su cámara mortuoria hasta un lugar desconocido, quizá la tumba de otro dios...

Todos están de acuerdo en ello. El Valle de los Reyes, la antigua necrópolis de la orilla occidental de Tebas, la actual Luxor, es uno de los lugares más hermosos de todo Egipto. Las más de 80 tumbas que allí fueron excavadas en la roca viva de la montaña tebana despliegan sobre sus paredes un magnífico itinerario, casi iniciático, del recorrido que debía de llevar el difunto hasta el mismísimo corazón del reino de Osiris, el Amenti.

El Valle de los Reyes de Luxor, Egipto.

Último lugar de reposo para reyes tan importantes como Tutmosis III, Ramsés II o el inefable Tutankhamón, soberanos que tuvieron ante sus pies el gobierno de medio mundo, el Valle de los Reyes, *Biban el Moluk*, sigue conservando ese encanto milenario que supieron saborear los primeros exploradores del siglo XIX.

Descubierta en 1817 sobre la vertiente sur del valle por el italiano Giovanni Battista Belzoni, la tumba de Seti I (1306-1290 a. C.), padre del glorioso Ramsés II, es, con permiso de la de Nefertari, la más hermosa de todo Egipto. Nadie puede dudar de la belleza de sus pinturas y relieves, desplegados de una manera magistral a lo largo de 16 salas, todas muy deterioradas, de ahí el cierre permanente de esta tumba, conocida como KV 17.

Sin embargo, otra característica de este sepulcro es la extraordinaria longitud de su recorrido, lo que sigue teniendo en ascuas a toda la comunidad de egiptólogos. Y es que de los casi 245 metros que ocupa el hipogeo, excavados en pleno corazón de la montaña de Gurna, las salas decoradas solamente ocupan 94 metros; los otros 150 pertenecen a un misterioso túnel, la llamada habitación K, cuyo final sigue siendo incierto.

Giovanni Battista Belzoni en un grabado de la época.

*La pirámide natural
de Gurna, en el
Valle de los Reyes.*

Sobre el muro sur de la cámara mortuoria de Seti, en su lado oeste de esta pared, se abre un pequeño agujero que se pierde en la insondable oscuridad de la montaña. Desde que Belzoni se internara por primera vez en este misterioso pasadizo pocos más son los investigadores que se han atrevido a hacerlo. John Gardner Wilkinson en 1843 y Howard Carter en 1903, el que casi 20 años después descubriera la tumba de Tutankhamón, no pudieron pasar apenas unos metros más de donde había llegado Belzoni. Habría que esperar hasta los años 50 cuando un acaudalado egipcio, Seikh Ali Abd el-Rassul, consiguiera un permiso para poder excavar este misterioso túnel. Pero guiado por un afán desmedido en la búsqueda de riquezas solamente avanzó unos metros más sin publicar nada.

El único valor que tubo la excavación de Seikh Ali fueron los comentarios que a *petit comité* realizó con algunos investigadores. En ellos manifestó que lo que a simple vista parecía ser un burdo túnel era realmente una cámara más. Para argumentar su hipótesis se basaba en la existencia de una escalinata nada más acceder a la galería y de unas puertas que aparecían a intervalos a los lados de las paredes.

En la actualidad nadie conoce mejor este problema que el egiptólogo estadounidense Kent Weeks. Muy popular tras haber descubierto la famosa KV 5, la tumba de los hijos de Ramsés, Weeks propone en su libro *La tumba perdida*, algunas de las claves que pueden desvelar este intrigante misterio arqueológico.

En 1979 Weeks, como director del *Theban Mapping Project*, realizó lo que hasta la fecha ha sido la única investigación seria en el túnel de Seti I. En palabras textuales, acceder al pozo fue «el trabajo más peligroso que he realizado nunca».

Después de limpiar de escombros la entrada de la galería descubrieron que realmente eran dos escalinatas las que daban entrada a la cámara K. Tras ellas un suelo sinuoso se introducía en la tierra con una pendiente de entre 32 y hasta 47 grados, por lo que en ocasiones tuvieron que avanzar empleando cuerdas de montañismo.

Weeks consiguió avanzar hasta los casi ciento cincuenta metros en el interior del túnel, quince más de lo que se había hecho hasta la fecha, pudiendo comprobar que los restos de escombros y fango dejado por las inundaciones durante siglos todavía ocultaban el final de la cámara K. En el punto más profundo, las mediciones demostraron que los arqueólogos se encontraban a más de cien metros por debajo del nivel de la entrada original a la tumba. En cualquier caso, después de varias semanas de duro trabajo, únicamente pudieron respaldar que la habitación K era, claramente, una sala más de la tumba del faraón Seti I y que había sido diseñada con todo detalle, a pesar de que no poseyera ningún tipo de decoración sobre sus paredes.

Las explicaciones que se han ofrecido para explicar este exasperante enigma arqueológico no son pocas. El descubridor de la tumba, Belzoni, tras excavar solamente unos cien metros de túnel, creyó que se encontraba ante el pasadizo que llevaba a una entrada diferente de la KV 17.

Las leyendas locales, más volátiles, observando la orientación suroeste que poseía el túnel, se decantaron por creer en un posible acceso que cruzara la montaña de Tebas hasta

Aspecto de la cámara sepulcral de la KV 17, según Belzoni.

Plano de la KV 17 según los dibujos hechos en la época por Giovanni Battista Belzoni.

llegar al cercano templo de la reina Hatshepsut, en Deir el Bahari; hipótesis poco probable toda vez que el nivel en el que se encuentra no se corresponde ni con Deir el Bahari ni con ninguna otra construcción. Otras tradiciones hablaban de que al final del pasadizo se encontraba, repleta de tesoros, la verdadera sala mortuoria de Seti I.

Pero la hipótesis más interesante es la propuesta por el egiptólogo suizo Gerhard Haeny. Debido al nivel sobre el que se encuentra, muy cercano al de las aguas del Nilo, probablemente el pozo conecte la tumba de Seti I con algún tipo de cenotafio acuático dedicado al dios Osiris, muy similar al que el propio faraón se hizo construir en Abydos, el famoso Osireion, o el que en 1999 redescubrió Zahi Hawass junto a las pirámides de Gizeh.

Solamente un vaciado total de este túnel puede dar una respuesta satisfactoria a este enigma histórico; una respuesta fascinante, seguro.

Bibliografía

WEEKS, Kent: *La tumba perdida*, Ed. Península, Barcelona, 1999.
WEEKS, Kent: *Atlas of the Valley of the Kings*, Ed. American University in Cairo Press, El Cairo, 2000.

Capítulo 7

Trovadores: Los guardianes del tesoro cátaro

Recorrían campos y valles, laúd en ristre, haciendo las delicias de todos los que les escuchaban en plazas de las aldeas, cruces de caminos y castillos de grandes señores. Allí cantaban historias de amor imposible, ambientadas en inexpugnables fortalezas o paraísos idílicos. Sin embargo, los trovadores escondían detrás de sus cantos una ideología mucho más compleja, relacionada con una de las herejías más en boga en el siglo XIII, el catarismo.

Gracias a los estudios elementales sobre historia de la literatura tenemos una idea un tanto romántica de lo que fueron los trovadores. Para muchos fueron bohemios errantes y famélicos que iban de castillo en castillo, rimando, a cambio de unas monedas, un techo bajo el que dormir o un plato de comida caliente para contrarrestar las penurias del crudo invierno. Pero la realidad fue muy distinta. Normalmente era gente muy culta y no necesariamente músicos ambulantes, sino auténticos señores feudales.

Sin embargo, detrás de los versos y de los cantos que realizaban a la naturaleza o a esa mujer imaginaria de la que estaban enamorados, los trovadores lanzaban un mensaje viperino relacionado con una de las herejías más corrosivas que ha sufrido la Iglesia a lo largo de su historia, la de los cátaros, literalmente «los puros». El nombre viene del griego *katharos*. Con esta denominación se quería aunar a una serie de sectas cristianas cuyos ritos y tradiciones diferían de la religión propiamente católica. Precisamente, su «pureza» también estribaba en un intento de denunciar la corrupción y la perversión del clero católico en los conflictivos siglos de la Edad Media. Esto es, al menos, lo que relata el investigador francés Gérard de Sède en su libro *El tesoro cátaro*, en donde realiza un estudio exhaustivo de los textos provenzales recitados por los trovadores del llamado *trobar clus*.

El arte de trovar nace en el siglo XI gracias a la figura de Guillermo IX de Poitiers, duque de Aquitania, aunque su momento de apogeo no llegará hasta el siglo siguiente y lo hará con gran éxito en todas las tierras de Oc, al suroeste de Francia. Desde allí el arte de trovar se difundirá por otros países de Europa como Italia o Alemania hasta llegar a nuestro país e incluso Portugal. Precisamente será en Cataluña el lugar en donde muera en el siglo XVI el último trovador conocido, Ausias March.

Monumento a los cátaros en Montségur.

Un análisis de la expresión que daba nombre a estos músicos ambulantes nos ayuda a comprender el verdadero sentido que yace debajo de este enigmático grupo de líricos. Antiguamente los propios trovadores denominaban a su arte como Gaya Ciencia (*Gay Saber*), otros preferían llamarlo *trobar clus*, es decir, el trovar cerrado o hermético.

Literalmente la expresión trovar proviene de la palabra «tropos» cuyo significado es «emplear las palabras en sentido diferente del suyo habitual». Los propios trovadores presumieron de que con su arte pretendían embrollar el sentido de las palabras de los versos y que «del cinq, no m'etendom trei», es decir, «de cinco personas no me llegan a entender tres». Un trovador célebre, Raimbau d'Orange, declaraba que «por sabio tengo sin la menor duda a aquel que en mi canto adivine lo que significa cada palabra». Por su parte, Alegret afirmaba que «mi canto parecerá insensato a quien no tiene doble entendimiento».

Entonces, ¿qué era lo que se escondía detrás de los versos de estos músicos itinerantes? ¿Quién era la mujer a la que los trovadores dedicaban esos poemas tan hermosos? La respuesta, según de Sède, siguiendo las revelaciones del esoterista francés del siglo XIX, Joséphin Pèlada, parece bastante clara.

Joséphin Pèlada, el primer esoterista en interpretar los cantos de los trovadores.

Quema de libros por parte de Santo Domingo de Guzmán, por Berruguete, hacia 1500.

No deja de ser curiosa la coincidencia del apogeo del catarismo en el suroeste francés con la expansión de los trovadores. La inmensa mayoría de sus versos hacía referencia en términos muy ambiguos a una dama de la que estaban enamorados, su «luz verdadera», «su única salvación», etcétera. A oídos profanos, estos cánticos sonarían como hermosos versos de amor dedicados a una mujer inalcanzable. Sin embargo, todo parece indicar que realmente encubrían una compleja ideología basada en los preceptos básicos de la herejía cátara.

Para muchos investigadores esa mujer inalcanzable no es más que el Ánima, aprisionada por un cuerpo material y que solamente la llegada de la muerte podrá liberar. También la repetición continua en sus versos de la palabra «amor» era simplemente una mención a la palabra inversa, «Roma» y todo lo que esto significaba desde el punto de vista de la ortodoxia de la Iglesia y su alejamiento de la ideología cátara. De ahí que los trovadores, a pesar de su «mal de amores», jamás persiguieran ni mencionaran el matrimonio, por todo lo que esto conllevaba con respecto a la ortodoxia católica.

En muchos casos el análisis de los poemas puede resultar complicado para un lego en la materia. De Sède, auténtico experto en temas relacionados con el medievalismo francés y muy conocido por sus trabajos sobre el misterio de Rennes-le-Château, ofrece en su libro algunos ejemplos que ayudan a acercarnos a esa realidad tan fantástica.

Delante de mi ventana / hay un pajarillo. / Toda la noche canta, / no cierra el ojo. / Canta lo que canta, / no canta para mí, / canta para mi amiga / que está cerca de mí. Delante de mi ventana / hay un almendro / que da flores blancas como papel. / Mirad esas montañas / qué altas son, / me impiden ver / dónde están mis amores. / Si supiera dónde verlos, / dónde encontrarlos de nuevo, / pasaría el agua / y sin ahogarme. / Son altas, muy altas, / pero se bajarán / y mis queridos amores / se acercarán.

Según de Sède, el pájaro que canta por la noche es el ruiseñor que simboliza la pasión que sufre el movimiento cátaro (la noche). La expresión «canta lo que canta» es una alusión clara al doble significado de los versos de los trovadores. El almendro simbolizaría la ideología cátara, representada en ocasiones por una flor blanca. Las montañas son los obstáculos materiales que la Iglesia coloca para impedir la propagación de esta doctrina herética. Pero gracias a su fe, las montañas se harán pequeñas y podrá cruzar el río sin ahogarse.

Sin necesidad de enrevesar el problema, tenemos constancia por medio de documentos de los juicios celebrados en la época contra los herejes que demuestran que muchos trovadores reconocieron haber sido cátaros. Es el caso de Guilhem de Dunfort, quien solía reunir en su castillo de Fanjeaux a comunidades de «buenos hombres» —uno de los apelativos de los cátaros— y organizar allí tertulias religiosas.

Junto a los caballeros templarios, los cátaros desempeñaron en la historia de la Edad Media uno de los papeles más polémicos. Calificados de disidentes, blasfemos y, como hemos visto, heréticos, los cátaros desaparecieron de la faz de la tierra dejando uno de los legados más enigmáticos de este convulso período de la historia del hombre.

Representación de músicos sobre una sillería gótica.

Los cantos de los trovadores, identificados siglos después con el movimiento cátaro, consiguieron en su tiempo pasar de puntillas por los problemas de esta creencia. Sin embargo, el movimiento cátaro no tardaría mucho en desaparecer. La mañana del sábado 26 de julio del año 1320 fue un día especial para decenas de personas. Debían prestar declaración en la audiencia inquisitorial, sita en el Palacio Episcopal de la antigua ciudad de Pamiers, al sur de Francia. Desde hacía varios siglos pero especialmente desde el XII los movimientos heréticos habían sufrido una preocupante difusión por todo el sureste de Europa. Como explica el prestigioso historiador René Weis, acusados de brujería, blasfemia y herejía, decenas de inocentes desfilaron ante la figura de un extraño monje cisterciense. Su nombre era Jacques Fournier y ejercía desde hacía tres años el cargo de obispo de la diócesis de Pamiers. Pocos sabían que aquel fraile apenas conocido llegaría a convertirse en pocos años en el papa Benedicto XII. Contaba con uno de los logros más destacados de la Iglesia francesa de la época: el haber dado comienzo a una de las cacerías más feroces de toda la Edad Media y que tuvo como colofón, varias décadas después, con la aniquilación absoluta del movimiento cátaro.

La propia denominación cátaro, «puro», ya nos explica de una forma clara la manera de pensar de estos movimientos, a los que hoy perfectamente llamaríamos alternativos o de la Nueva Era.

No se trataba en absoluto de un solo movimiento sino que el término cátaro albergó a numerosas agrupaciones heréticas caracterizadas por su rígido ascetismo y por una teología doble que estaba basada en la creencia de que el mundo que nos rodea estaba formado a su vez por otros dos mundos. Por un lado estaba el cosmos espiritual creado por Dios, y por otro lado el material creado en esta ocasión por la indomable figura del demonio. Estas ideas no se alejaban en demasía de las propagadas por el sabio místico persa Mani en

el siglo II de nuestra era y que dio paso al conocido mani-
queísmo.

Entro los grupos sectarios más difundidos por Europa
desde el siglo III, todos ellos conocidos bajo el nombre de
cátaros, estaban entre otros los novacianos y los paulicianos,
totalmente opuestos a admitir en el seno de la Iglesia a los
cristianos «caídos», haciendo una alusión clara al clero
corrupto. Tiempo después, ya en el siglo XII, algunos de
estos grupos se subdividieron en lo que a la postre serían los
albanenses, los garatenses, o los patarines. Muy críticos con
la corrupción del clero de la época, los patarines se caracte-
rizaron por ser un movimiento reformista, en donde los lai-
cos desempeñaron un papel especial en contraposición a un
clero cada vez más deteriorado, que no demostraba en absoluto su condición divina y natural.

Uno de los elementos más controvertidos de las tradiciones heréticas de los cátaros de la última época estaba relacionado con la figura de María Magdalena. Algunos de los
primeros autores cristianos reconocían que esta mujer había
sido la esposa de Jesús, circunstancia que debió de generar
sus celos en algunos de los apóstoles, según relatan los evan-

*Caballeros andantes,
protagonistas de los
cantos trovadorescos.*

gelios apócrifos (véase *La Historia Perdida*, página 223-230).

A lo largo del siglo XIII, entre los grupos cátaros del sur de Francia, esta tradición caló de una manera notable. Además, como ya vimos en el volumen anterior, existía una leyenda que afirmaba que la propia Magdalena había llegado a esta región del sur de Europa tras la muerte de Jesús en la cruz. Tal y como declaraban los cátaros patarines, en la región de Provenza, al sureste de Francia, la corrupción de la Iglesia Católica había llegado a extremos inauditos, abandonando descaradamente el mensaje del evangelio y dedicándose a la vida mundana. Todo ello llevó a un resurgimiento de los grupos cátaros y a que en ellos la mujer desempeñara un papel hasta entonces desconocido. El cristianismo que pregonaban los cátaros era mucho más igualitario y justo que el de la Iglesia Católica, en el que la mujer, por influencia de la Magdalena, podía incluso evangelizar. Lógicamente tal extremo no pudo ser admitido por el dictatorial estado eclesiástico, que a finales del siglo XIV decidió multiplicar sus esfuerzos para acabar con los movimientos heréticos de los cátaros.

Bibliografía

DE SÈDE, Gérard: *El tesoro cátaro*, Ed. Plaza & Janés, Barcelona, 1976.

WEIS, René: *La cruz amarilla*, Ed. Debate, Madrid, 2001.

Capítulo 8

El tesoro oculto de Gaudí

Detrás de las cerámicas de vivos colores que cubren las fachadas de los edificios de este arquitecto catalán universal, tras las sinuosas formas de sus monumentos y las extrañas luces coloristas de sus ventanales, Antonio Gaudí nos ha transmitido un legado asombroso, si bien es cierto que la mayor parte de esa herencia todavía sigue oculta tras el velo del misterio.

Antonio Gaudí nació en Reus (Tarragona) el 25 de junio de 1852, fecha de la que se acaba de celebrar el 150º aniversario. Sus estudios de arquitectura los llevó a cabo en la Escuela Superior de Arquitectura de Barcelona, en donde se graduaría en 1878. A lo largo de sus estudios tuvo la oportunidad de colaborar en varios proyectos, si bien su primer encargo personal lo recibió seis años después de acabar su formación académica. Se trataba de la casa Vicens, un edificio neogótico que construiría entre los años 1883 y 1888. El resultado de su trabajo entusiasmó al empresario textil Eusebio Güell Bacigalupi, quien se convertiría en adelante en el principal mentor de la arquitectura de Gaudí.

Este genial arquitecto, considerado por todos los críticos de arte como el máximo exponente de la corriente modernista, así como uno de los principales pioneros de las vanguardias artísticas que alcanzaron su máximo apogeo a lo largo del siglo XX, estuvo siempre acompañado de símbolos, leyendas y enigmas hasta que murió en 1926 atropellado por un tranvía.

Ya incluso cuando estaba en la Escuela Superior de Arquitectura de Barcelona sus contactos académicos le llevaron a conocer a personajes extraños que seguramente marcarían su obra para el resto de su vida. Según algunos investigadores, gracias a las obras de Eugène Emmanuel Viollet-le-Duc, arquitecto y teórico francés creador de la Escuela en donde estudiaba el joven Gaudí, este tuvo acceso a la figura de Fulcanelli, el célebre alquimista a quien dedico otro capítulo un poco más adelante en este mismo libro. Choca este detalle cuando es de sobra conocido que la obra de Fulcanelli y seguramente su propia existencia, de ser cierta, se hubiera desarrollado en la primera mitad del siglo XX y no en el XIX. No obstante, es posible que gracias a Viollet-le-Duc Gaudí se interesara por el estilo gótico tal y como manifestó el arquitecto en sus primeras obras.

*Entrada al Parque
Güell de Barcelona.*

Conociera o no la figura de Fulcanelli, el detalle de su relación está encaminado a intentar dilucidar los claros destellos alquímicos que se aprecian en la obra de Antonio Gaudí. En esta misma línea se encuentra la influencia de la tradición templaria que se ha querido ver en el arquitecto catalán, influencia que para algunos investigadores es muy clara en obras como la Sagrada Familia o el Parque Güell.

No es casual que la propia ubicación de la Sagrada Familia se encuentre en el centro geométrico de Barcelona. Como señala el investigador Josep Guijarro, la catedral se levanta justo sobre la línea imaginaria que unía el lugar en donde se encontraban los antiguos monumentos megalíticos del barrio del Campo del Arpa y los que seguramente hubo en Montjuïc. Además, no es difícil ver a las ocho Beatitudes empleadas por los caballeros templarios en la base de los pináculos que se alzan sobre la Sagrada Familia. Si a esto añadimos las torres que nos recuerdan a mazorcas de maíz y los signos del zodíaco que hay en el arco de la entrada al monumento, descubriremos que la catedral de Gaudí es un templo mágico mucho más complejo que el trabajo de un artista obsesionado por el mundo de lo sagrado, tal y como se ha querido ver en más de una ocasión.

El Parque Güell, que se encuentra en la zona septentrional de la ciudad de Barcelona, es considerado una de las obras maestras de la arquitectura paisajística del siglo XX. Como el propio nombre indica se trataba de un encargo realizado a Gaudí por su mecenas, Eusebio Güell, quien tenía la idea de levantar una enorme ciudad-jardín. Las obras empezaron en el año 1900 quedando finalizada catorce años después lo que era la traza urbanística.

Uno de los elementos más curiosos de todo el parque es la famosa salamandra de vivos colores de la que se dice que fue trabajada por el propio Gaudí, circunstancia que no tendría nada de extraordinario si no añadiéramos que se afirma que lo hizo con los pies. Para la tradición alquímica, el dragón estaba relacionado con los cuatro elementos ya que toma

La arcada interior de arcos parabólicos del Parque Güell de Barcelona.

Banco decorado con azulejos de vivos colores en el Parque Güell de Barcelona.

Vista desde abajo del techo de la arcada dórica del Parque Güell de Barcelona.

La Sagrada Familia.

su poder de la tierra, vive en el agua, puede volar y vomita llamaradas de fuego.

A lo largo del Parque, así como en el resto de la obra de Gaudí, el cinco puede ser considerado como un número especial. No solamente hay innumerables estrellas invertidas de cinco puntas, símbolo por antonomasia del maligno, sino que desde el punto de vista de la numerología también descubrimos extrañas curiosidades. Por ejemplo: las columnas que sostienen la plaza Güell son 86, si sumamos sus dígitos hasta reducirlos a una sola cifra, descubriremos una vez más el número cinco $(8 + 6 = 14; 1 + 4 = 5)$.

Casualidad o no, lo cierto es que la obra, así como la propia vida de Antonio Gaudí, está repleta de detalles y momentos insólitos que han hecho de este genial arquitecto uno de los representantes más importantes de las manifestaciones artísticas de nuestro tiempo.

Bibliografía

CARMEL-ARTHUR, J.: *Antoni Gaudí*, Ed. Kliczkowski, Barcelona, 1999.

GUIJARRO, Josep: *Guía de la Cataluña mágica*, Ed. Martínez Roca, Barcelona, 1999.

Capítulo 9

El espejo del cielo

El papel y lápiz, unas simples cuentas matemáticas y en la actualidad los más potentes ordenadores, todos coinciden en que muchos primeros monumentos son más antiguos de lo que se había pensado hasta la fecha. Ejemplos de ello lo encontramos en Egipto y México; culturas fascinantes que recogieron los primeros pasos del hombre. Cada vez son más numerosos los investigadores de culturas antiguas que reconocen la existencia de una función estelar en los monumentos de las civilizaciones desaparecidas como la egipcia, la china, la mesopotámica o como sucede en este caso, la mesoamericana. Curiosamente, no deja de ser sintomático que muchas de estas culturas antiguas pusieran sus ojos en unas constelaciones muy concretas, como sucede con Orión, identificada por los antiguos egipcios, por ejemplo, con el dios de la muerte Osiris y para el que levantaron numerosas pirámides en el Valle del Nilo dibujando sobre la Tierra el mismo esquema que tiene esta constelación en el cielo, una especie de reloj de arena.

Según Robert Bauval, la construcción de las pirámides egipcias se debe a un gran plan constructivo, concebido por los arquitectos egipcios siguiendo las mismas pautas que una serie de estrellas en el cielo. Es decir, la posición de cada una de las pirámides en el valle del Nilo se corresponde con la posición de una estrella del sistema solar. Tal hipótesis, lejos de ser una cuestión baladí, sirve para poder datar los monumentos egipcios con una cronología precisa, ya que la concordancia de la posición de las estrellas solamente pudo darse en un momento concreto.

El epicentro de su teoría gira en torno a las tres pirámides de la meseta de Gizeh, a la sazón las de Keops, Kefrén y Micerinos, faraones de la IV dinastía (ca. 2550 a. C.). Según Bauval, estas tres construcciones fueron erigidas siguiendo la posición de las tres estrellas que comprenden el cinturón de la constelación de Orión. Así, Keops se correspondería con la estrella Alnitak (*Zeta Orionis*), Kefrén con Alnïlan (*Epsilon Orionis*) y la pequeña pirámide de Micerinos con la estrella Mintaka (*Delta Orionis*).

Esta correlación que cuadra perfectamente entre las estrellas y las pirámides, conservándose incluso la pequeña desviación de Delta Orionis igual a la de la pirámide de Micerinos, alejada del eje que une a las pirámides de sus dos antecesores, se completa con otros descubrimientos no menos asombrosos. El ingeniero angloegipcio también descubrió, ayudado por un potente programa informático (el *Skyglobe 3.5*), que los canales que parten de las cámaras del Rey y de la Reina estaban orientados en la época de su construcción a una serie de constelaciones. Los canales norte y sur de la cámara del Rey estuvieron orientados hacia Tuban (la constelación del Dragón) y Alnitak, respectivamente. Por su parte, los canales norte y sur de la cámara de la Reina, lo fueron con la Osa Menor y la estrella Sirio, respectivamente. De esta manera, Bauval confirmaba algunas de las hipótesis planteadas por el arquitecto Badawi en los años sesenta sobre la orientación de estos canales.

Sin embargo, sus descubrimientos no han quedado en la meseta de Gizeh, sino que se han expandido a otras pirámides de Egipto, ya que existen otras construcciones de este tipo que se corresponden con diferentes estrellas de la misma constelación de Orión. En este sentido, la pirámide de Djedefre, sita en la cercana localidad de Abou Rowash, sería la estrella Saiph (*Kappa Orionis*), y la pirámide de Nebka, en Zauyet el Aryan, la estrella Bellatrix.

Para poner un broche de oro a tan fascinante teoría, Bauval extiende sus planteamientos a otros grupos monumentales fuera de la constelación de Orión. Así, la pirámide de Esnofru, en Dashur, estaría relacionada con las Híadas, más en concreto con Aldebarán y 311 Tauri. Esta teoría también acaba por confirmar la vieja sospecha de los egiptólogos que creían que los egipcios identificaban la Vía Láctea con su río Nilo.

Además del peso de las pruebas arqueológicas presentadas por Bauval a lo largo de más de diez años de investigación, también hizo un estudio exhaustivo de diferentes fuentes documentales. Haciendo especial hincapié en los *Textos de las Pirámides*, y de la no desdeñable colaboración del profesor I. E. S. Edwards, llegó a dotar de una base científica a todos sus descubrimientos.

Las pirámides de la meseta de Gizeh, Egipto.

Sin embargo, no tardó en aparecer un pequeño conato de fricción con la comunidad egiptológica más ortodoxa. Todo iba bien cuando Bauval proponía como fecha más aproximada a la construcción de las pirámides de la meseta de Gizeh, el 2475 a. C., fecha que concordaba más o menos con el reinado de Keops. El pero estaba en que, con la ayuda de su ordenador, Bauval llegó a la conclusión de que el momento exacto en el que coincidían todos sus cálculos astronómicos estaba en el 10500 a. C., fecha mucho más precisa, según él, que el 2475 a. C.

Nadie puede negar las afirmaciones de Bauval, toda vez que no existe ninguna fuente, ni arqueológica ni documental, que pueda fechar la Gran Pirámide en el 2475 a. C. El empleo del cementerio de la meseta de Gizeh para fechar sus grandes pirámides debe ser utilizado con mucha prudencia, como ya hemos dicho con anterioridad ¿podrían datar nuestros arqueólogos del año 2500 d. C. una iglesia románica por la tienda de electrodomésticos que tiene en la esquina de enfrente?

A exactamente 12.487 kilómetros de la meseta de Gizeh y separados en el tiempo al menos por casi 2.000 años, en México se encuentra el complejo piramidal de Teotihuacán. Para muchos, una continuación del gran enigma arqueológico que supone la meseta de Gizeh en Egipto.

El cuarto de millón de almas que llegó a poblar la metrópolis de Teotihuacán en su época de apogeo, el siglo V a. C., ofrece a lo largo de los dos kilómetros que mide su gigantesca Avenida de los Muertos, una visión magnífica de lo que era capaz el hombre de la antigüedad para satisfacer a sus dioses.

Pero además de toda la parafernalia necrológica que rodea al recinto, las investigaciones más recientes de la última década han llegado a la conclusión de que también en Teotihuacán se dieron ciertas similitudes estelares que acercan este complejo al de Gizeh en Egipto. Los monumentos más importantes de Teotihuacán, las pirámides del Sol y la

Luna y el templo de Quetzalcóatl, construidos en algún momento entre el 200 a. C. y el 200 d. C., están ubicados en la misma posición que las pirámides egipcias, si bien con una orientación diferente. La gran plaza de la Ciudadela y el templo del Sol están paralelos a lo largo de la llamada Avenida de los Muertos, mientras que el templo de la Luna está al final de esta avenida, es decir, fuera del alineamiento con las otras dos, tal y como ocurre en la meseta de Gizeh con la pirámide de Micerinos. Esta circunstancia ha sido utilizada por el investigador británico Adrian Gilbert para intentar buscar algún vínculo de conexión con la misteriosa constelación de Orión.

Pero no es esta la única relación que se puede obtener entre la meseta de Gizeh y Teotihuacán. El investigador Stansbury Hagar llegó a la conclusión de que el complejo piramidal mexicano era un mapa del Cielo y que la llamada Avenida de los Muertos desempeñaba la función de la Vía Láctea, es decir, como Bauval sugería del Nilo para Egipto.

Avenida de los Muertos de Teotihuacán. México.

Este tipo de investigaciones ya tuvieron su eco hace años en el seno de las más prestigiosas universidades europeas. Gerald S. Hawkins, astrónomo del observatorio de Cambridge en Estados Unidos y una de las piezas clave en el descubrimiento de aparentes «coincidencias» entre la construcción de Teotihuacán y algunas constelaciones, fue muy conocido desde la década de los sesenta por su revolucionario libro *Stonehenge descodificado*, en el que realizaba un barrido sistemático de las relaciones de este monumento megalítico con las estrellas del cielo, continuó sus investigaciones en otro volumen no menos codiciado que el anterior, *Más allá de Stonehenge*. En él, Hawkins apunta que mientras las calles de Teotihuacán están planeadas sobre un sistema de cuadrícula, las intersecciones de estas mismas calles, en cambio, no tienen un ángulo de 90 grados como sería de esperar, sino de 89. Por su parte, tampoco la cuadrícula está orientada a los puntos cardinales, tal y como ocurre en casi todos los grandes monumentos de la antigüedad, sino que corre paralela a la Avenida de los Muertos, dirección noreste, apuntando a la constelación de las Pléyades.

Empleando un programa informático al que proporcionó todos los datos del complejo de Teotihuacán, Hawkins descubrió algo aún más sorprendente. Y es que algunos de los monumentos estaban orientados hacia la estrella más grande de la constelación del Can Mayor, Sirio —la misma que los antiguos egipcios identificaban con la diosa Isis, esposa de Osiris, a quien por su parte vinculaban con Orión—.

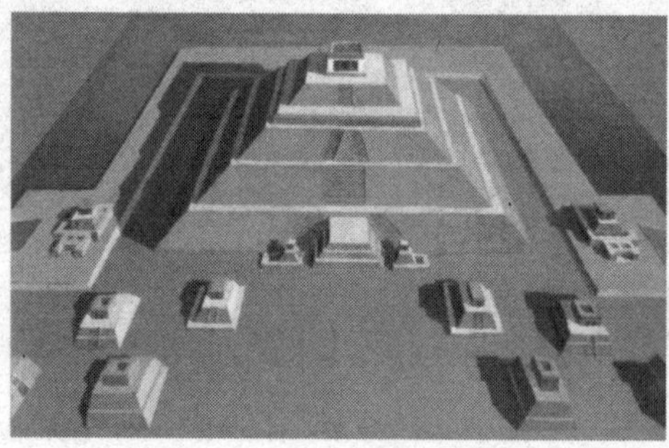

Reconstrucción de la Pirámide del Sol de Teotihuacán.

Hugh Harleston, un ingeniero de profesión que trabajó en Teotihuacán durante los años sesenta y setenta, llegó a la conclusión de que esta ciudad bien podría ser una maqueta del sistema solar. En ella el templo de Quetzalcóatl sería el sol y los planetas, una serie de monumentos adyacentes que guardaban la escala y distancias proporcionales.

Son muchas más las teorías que relacionan Teotihuacán con algún elemento del sistema solar. En cualquier caso, haciendo un pequeño resumen de todas ellas, los problemas que proporcionan son muy similares a los de Gizeh. Y es que las pruebas históricas indican que su construcción debió de realizarse a partir del 200 a. C. en diferentes etapas muy distanciadas en el tiempo. Sin embargo, las pruebas arqueoastronómicas parecen indicar que la ciudad pudo ser construida hace 6.000 años, dando la razón a las tradiciones de los propios aztecas, quienes mencionaban que fue la divinidad Quetzalcóatl quien construyó esta ciudad en el 3113 a. C.

Paul Kosok, profesor en la Universidad de Historia en Long Island (Nueva York), sobrevolaba en el año 1941 los aledaños de la ciudad peruana de Nazca buscando canales de irrigación. Sin embargo, lo que descubrió fue mucho más desconcertante. Bajo sus pies pudo observar asombrosos dibujos gigantescos de pájaros gigantes, insectos, peces, flores, una araña, un cóndor, un mono, etcétera.

Las dataciones por carbono 14 de algunos elementos orgánicos encontrados en aquel lugar proporcionaron un período comprendido entre el 350 y el 600 d. C. De igual manera, la cerámica encontrada en la región es del siglo I a. C., pero las líneas propiamente dichas no pueden ser fechadas.

Sin embargo, los descubrimientos de Kosok no quedaron ahí. El 22 de junio de ese mismo año (1941), el profesor americano vio cómo el sol se ponía justo al final de una de las líneas, perdiéndose en la distancia a través del desierto. Este hallazgo, cuya fecha se correspondía con el solsticio de invierno en el sur de Perú, convenció a Kosok de que la finalidad de las enigmáticas líneas de la pampa de Nazca tenía un marcado carácter astronómico. Para el profesor americano se trataba del «libro de astronomía más grande del mundo», según llegó a decir el propio Kosok.

En esta ocasión, Gerald S. Hawkins, y al contrario que en su estudio de Teotihuacán, no parece estar muy de acuerdo con esta hipótesis de trabajo. Cuando introdujo los datos de los alineamientos de Nazca en su ordenador, estudió todas las posibilidades existentes que pudieran darse a lo largo de un período de tiempo muy dilatado: entre el 5000 a. C. y el 1900 d. C. Al final de su estudio, Hawkins llegó a la conclusión de que ninguna de las líneas de la meseta de Nazca apuntaba a una estrella en concreto o constelación en un momento clave como los solsticios o los equinoccios.

Poco después, el Doctor Phillis Pitluga, del Planetario Adler de Chicago (Estados Unidos), hizo una serie de descubrimientos que contradecían las afirmaciones de Hawkins. Utilizando un programa de ordenador similar al empleado por él, Pitluga llegó a demostrar que la conocida araña gigante de Nazca fue concebida como un modelo terrestre de la constelación de Orión y que las líneas rectas que la rodeaban fueron diseñadas para marcar la evolución de las tres estre-

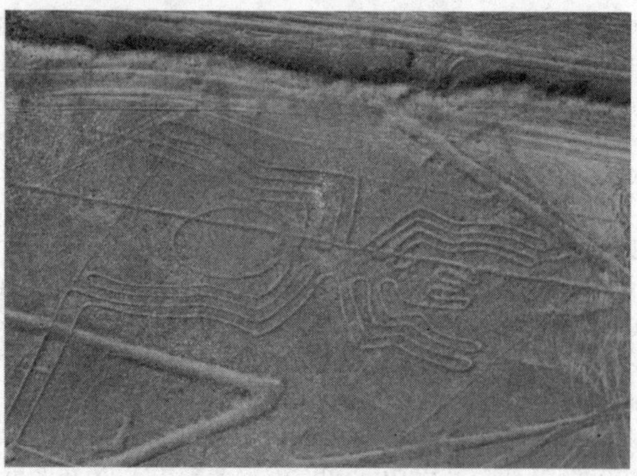

Representación de una araña gigante en la pampa de Nazca, Perú.

llas del cinturón de Orión a lo largo de los tiempos.

Sin embargo, como se preguntó el investigador George Hunt Williamson en su libro *Camino en el Cielo*, «¿se habría tomado todo este trabajo el pueblo de Nazca solo por el gusto de ver salir y ponerse el sol al final de unas estrechas líneas?».

La ciudad de Machu-Picchu fue descubierta a comienzos de este siglo por el joven explorador americano Hiram Bingham. Su datación se estima en torno al 1500 d. C.

Uno de los lugares más extraños de todo Machu-Picchu es la famosa Intihuatana, una estructura monolítica que se encuentra al oeste de la plaza central de la urbe. Rolf Muller, profesor de astronomía en la ciudad americana de Postdam, a lo largo de sus estudios realizados a mediados de los años ochenta encontró pruebas convincentes para demostrar que la ciudad peruana fue erigida con un marcado carácter astronómico. Muller decía que si prolongamos los lados largos de esta Intihuatana daríamos con el lugar exacto sobre el cual se sitúa el sol el día del solsticio de invierno. Y si la prolongación se hace hacia el sureste daríamos con el punto de salida del sol en el solsticio de verano.

Según estos cálculos, a los que hay que sumar otros relacionados con diferentes lugares de Machu-Picchu, Muller llegó a la conclusión de que la ciudad debió de ser construida en algún momento entre el 4000 y el 2000 a. C., retrasando así en casi cuatro mil años la fecha propuesta por la historia tradicional.

También sobre la célebre Intihuatana realizaron sus trabajos los investigadores Dearborn y White. La presencia en lo más alto del monumento de un curioso «gnomon» —un ingenio pensado para medir las horas solares—, pareció demostrar que esta construcción fue realizada para situar el punto más alto del sol en el cielo.

El lugar conocido como *El Torreón* posee una gran pared de forma semicircular, en donde podemos encontrar dos ventanas, y otra recta con la llamada *puerta de la serpiente*. El

Vista panorámica del Machu-Picchu, Perú.

investigador Jesús Galindo, contradiciendo las exageradas cronologías de Muller, ha demostrado recientemente que una de las ventanas de *El Torreón* mira hacia la constelación de las Pléyades según su ubicación hacia el 1500 de nuestra era. De la misma forma, esta ventana alineada con un pequeño altar existente en la parte baja de *El Torreón* señala el punto de salida del sol en el solsticio de invierno en la misma época.

Bibliografía

BAUVAL, Robert, y Adrian Gilbert: *El misterio de Orión*, Ed. Emecé, Barcelona, 1995.

GILBERT, Adrian: *La profecía de Orión*, Ed. Oberon, Madrid, 2000.

GILBERT, Adrian: *Los Reyes Magos*, Ediciones B, Londres, 1996.

Capítulo 10

El elixir de la eterna juventud

Después de la piedra filosofal la meta de los sabios europeos de toda la Edad Media y Moderna era la búsqueda de un elixir que permitiera conservar la juventud durante el resto de la vida de una persona. Reyes y grandes hombres de negocios dedicaron enormes sumas de dinero a su búsqueda y al parecer, según cuentan, unos pocos lo consiguieron.

En alguna ocasión de nuestra vida todos nos hemos mirado al espejo con la idea en la mente del fastidio que supone el paso del tiempo y las huellas que deja, no solamente en el rostro sino también en el resto del cuerpo. Esta misma preocupación, tan antigua como el propio ser humano, ha cautivado durante siglos a los hombres y mujeres más poderosos de la historia. Muchos de ellos, incapaces de aceptar algo tan natural como el envejecimiento, dedicaron grandes sumas de dinero a la búsqueda de una pócima milagrosa que les hiciera recuperar la juventud perdida.

Uno de aquellos monarcas, perseguidos por una extraña predisposición a abrazar lo insólito, fue Felipe II, un personaje ya habitual en *La Historia Perdida*. A pesar de haber sido uno de los cabecillas, si no el que más, de la instauración en España de la Santa Inquisición en contra de cualquier movimiento que pudiera ser considerado apología del paganismo, los hechos históricos parecen descubrir un lado oscuro en nuestro rey. No hay más que darse una vuelta por El Escorial, en la sierra de Guadarrama, el centro geodésico de la Península Ibérica, para darse cuenta de las extrañas inclinaciones por la magia, la astrología y el esoterismo que protagonizó este soberano español. Además, Felipe II, después de llevar la corte de Valladolid a Madrid, hizo montar en la villa un laboratorio de alquimistas a quienes pagaba suculentos honorarios. Su objetivo no era otro que la búsqueda de la polémica Piedra Filosofal, objetivo alquimista por antonomasia y también el elixir de la juventud.

No sabemos si Ricardo Estanihurst, perteneciente también al círculo de El Escorial y uno de los cabecillas del trabajo en el laboratorio de Madrid, logró en algún momento dar con la fórmula mágica que devolviera a su amado rey la anhelada juventud. Sin embargo, existen otros personajes a lo largo de la historia europea que, al parecer, sí consiguieron, al menos, vivir más de lo normal. Y es que, según apuntan algunos investigadores, tanto el polémico conde de Saint Germain o el no menos conocido René Descartes, pudieron haber participado en esta intrigante búsqueda, llegando incluso a conseguirlo.

La familia de Felipe II en El Escorial.

En las brumas de los recuerdos de mi niñez aún conservo clara la imagen del sorprendido rostro del presentador de televisión José María Íñigo, ante un extraño personaje que decía llamarse el Conde de Saint Germain. La verdad es que no era para menos. En teoría, Íñigo estaba hablando con una persona que entre unas cosas y otras, debía de llevar vivo más de cuatro siglos y ahí estaba, fresco y lozano como la flor de un jardín. Posiblemente aquel hombre que estaba asombrando a la millonaria audiencia del programa televisivo no fuera más que un espabilado. Sin embargo, son numerosas las pruebas documentales históricas que mencionan la presencia de un extraño personaje pululando por las cortes de la Europa del siglo XVII, hombre hermético donde los hubiera y poseedor de una fastuosa fortuna cuyo origen era totalmente desconocido.

Único retrato conocido del Conde de Saint Germain.

Hay quien piensa que el Conde de Saint Germain era en realidad un hijo de Juan Tomás Enríquez de Cabrera, un hombre ligado a la dinastía de los Austrias, duque de Medina de Ríoseco (Valladolid), almirante de Castilla y conde de Melgar. Estuvo casado con Ana María de Neuburgo, de quien supuestamente nació el extraño y misterioso conde. Es posible que este abolengo fuera lo que le permitió a Saint Germain disponer de una fortuna tan inmensa. Sin embargo, el conde heredó de su padre, el almirante de Castilla, otro tesoro quizás más valioso: el amor por la alquimia y las paraciencias. Tal vez, de sus experimentos en laboratorio, el conde de Saint Germain consiguiera descubrir nuevas tinturas para los tejidos —circunstancia que le hizo aumentar su increíble fortuna— y sobre todo haber conseguido el codiciado elixir de la eterna juventud.

Reconstrucción del interior de un laboratorio alquímico, por Pietro Longhi.

Richard Chanfray, el joven francés que en los años setenta se hizo pasar por el misterioso Conde de Saint Germain.

Lógicamente, todo esto no es más que una mera especulación. La única verdad constatada es que durante el siglo XVII, en las cortes europeas apareció un personaje que se hacía llamar el Conde de Saint Germain. Nadie sabía quién era ni de dónde venía. Se ignoraba todo sobre su nacionalidad, el origen de su riqueza o de dónde salieron sus poderosas influencias. Pero por encima de todo, su mejor secreto y por lo que más llamó la atención en la época fue su aparente inmortalidad y su aspecto siempre joven.

P. Ceria y F. Ethuin, en su ya clásico *El enigmático Conde de Saint Germain*, relatan infinidad de anécdotas, perfectamente documentadas en legajos según estos autores, en donde se cuenta la sorpresa de algunos nobles al reencontrarse con el misterioso conde, años e incluso décadas después y observar atónitos que su aspecto no había cambiado en lo más mínimo. Algunos realizaban cábalas sobre la edad del centenario conde y otros, como el célebre Casanova, se sorprendían de cómo aquel extraño personaje, que a pesar de su extraordinaria juventud, debía de pasar de los cien, se les adelantaba a la hora de conquistar a cualquier dama de la nobleza.

Los mismos autores del libro afirman algo parecido pero en esta ocasión del ilustre filósofo René Descartes. Nacido en La Haye en 1596, el científico y matemático francés, según estos investigadores, no falleció en el año 1650 sino que lo hizo mucho después. La historia no tiene desperdicio. Al parecer, Descartes confesó al embajador de Francia en Estocolmo, Chanu, precisamente cuñado suyo, que después de permanecer durante dos décadas en Suecia dentro del seno de la orden Rosacruz, el filósofo había decidido abandonar el estudio de la geometría para dedicarse únicamente a la química, la medicina y la cábala. Según esta hipótesis, Descartes no murió en 1650 sino que «su entierro fue una comedia para permitirle retirarse a Laponia a fin de aislarse del mundo, persuadido como estaba de prolongar su vida hasta los quinientos años».

René Descartes, de quien también se decía
que había conseguido evitar la muerte.

Esta afirmación daría consistencia a una frase que el propio Descartes incluyó en su *Discurso del Método* en la que señalaba que «gracias a mi ciencia, muy vasta, creo poder alcanzar una edad muy avanzada». Quién sabe. Quizás el insigne filósofo continúe trabajando aún hoy en algún rincón apartado de la Unión Europea.

Bibliografía

CERIA, Pierre, y F. Ethuin: *El enigmático conde de Saint Germain*, Ed. Plaza & Janés, Barcelona, 1976.

▼

Capítulo 11

La ciencia tiene una explicación: cráneos con agujeros de «bala»

Hace más tres décadas Erich von Däniken lanzaba la pregunta de quién era el que disparaba balas en la Prehistoria. El hallazgo de un extraño orificio en un cráneo de bisonte de hace 10 millones de años fue seguido de otras pruebas encontradas en numerosos cráneos humanos prehistóricos. A pesar de la controversia suscitada, la ciencia parece aclarar el enigma.

Däniken no fue el primero pero sí tuvo el mérito de llamar la atención de la opinión pública sobre la existencia de algunos cráneos con misteriosas perforaciones limpias y perfectas, cuya causa podría haber sido, según algunos investigadores, un disparo de bala. Nada tendrían de extraño estos orificios si no hubieran sido hallados en huesos de varios millones años de antigüedad como ocurre en el mencionado cráneo de bisonte del Museo Antropológico de Moscú.

Esta información de Däniken, publicada en el libro *El mensaje de los dioses*, ha venido siendo completada por otros hallazgos similares mucho más espectaculares si cabe, al haberse realizado en cráneos prehistóricos humanos. Es el caso del cráneo de *homo sapiens* procedente de la Cueva de Toll (Moià, Barcelona) y que ya fue estudiado hace años por nuestro entrañable compañero, ya desaparecido, el investigador Antonio Ribera.

Uno de los ejemplos más conocidos de cráneos perforados es el hallado a comienzos del siglo XX en una cueva que se alojaba en el interior de una mina de cinc en Broken Hill (antigua Rhodesia, hoy Zambia). Entre el resto de huesos humanos de tipo Neandertal allí encontrados, en la misma cueva que seguramente fue de algún tipo de lugar de enterramiento, apareció este misterioso cráneo del Hombre de Rhodesia, datado en un millón de años.

El fósil llegó al Museo Británico de Londres en 1921 con pocas referencias a su entorno arqueológico, lo que dificultó enormemente su posterior estudio. Pero lo que más llamó la atención de los investigadores fue la presencia de dos orificios de idéntico diámetro a ambos lados del cráneo.

El profesor berlinés Mair apuntó la posibilidad de que alguien hubiera podido disparar a este individuo una bala que le hubiera atravesado el cráneo de lado a lado. Pero, ¿quién disponía de armas de fuego hace un millón de años? También

El Dr. José Manuel Reverte Coma en su museo de la Universidad Complutense de Madrid.

El investigador Erich von Däniken, pionero en la divulgación de enigmas históricos.

se barajó la posibilidad de que se tratara de algún tipo de fósil viviente, es decir un Neandertal que por circunstancias desconocidas haya podido sobrevivir hasta nuestros días y que fuera abatido por un cazador cerca de la mina; algo parecido al planteamiento esgrimido para defender la existencia de dinosaurios todavía hoy y que ya analicé en el volumen anterior de *La Historia Perdida* (veáse pág. 239). Otros, por su parte, apuntaron la hipótesis de que aquel hombre fuera cazado por un cocodrilo que le perforara el cráneo con sus dientes por ambos lados de la cabeza.

En un trabajo de este tipo es inevitable ir a ver a uno de los mejores expertos mundiales en el estudio forense. Son más de cincuenta años los que lleva investigando el profesor José Manuel Reverte Coma sobre todo lo que rodea al mundo de la muerte en sus variados aspectos, tanto médicos como antropológicos. Fruto de ello fue el nacimiento hace dos décadas del museo que lleva su nombre en la facultad de Medicina de la Universidad Complutense de Madrid. Por mucho que el profesor mantenga un tono distendido y natural en cada charla, el marco funerario que le rodea no deja de impresionar a cualquier visitante de su insólito museo.

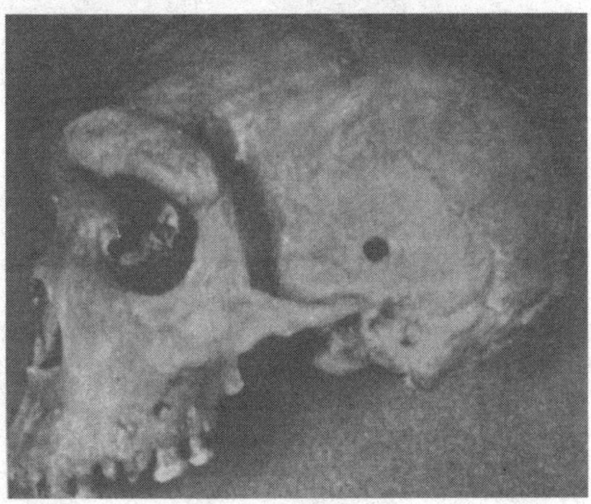

Cráneo de Broken Hill de tipo neandertal, más conocido como Cráneo de Rhodesia, con el «disparo» en el lado izquierdo.

Entre artilugios empleados por asesinos, organizaciones terroristas, colecciones de momias de todas las culturas del mundo y una vitrina dedicada a la muerte en Egipto —a la que, por cierto, fue un honor donar varios objetos de mi colección particular—, destacan las numerosas reproducciones de cráneos humanos prehistóricos, extraídas de los moldes originales de los museos. Entre ellos se encuentra precisamente una copia procedente del Museo Británico del famoso cráneo del Hombre de Rhodesia.

Para el profesor Reverte «seguramente nos encontramos ante una perforación producida por una mastoiditis supurada o una otitis que no ha sido tratada convenientemente. No es más que una erosión producida en el oído que aparece después de una infección y que puede afectar a las células mastoideas. Este tipo de dolencias no era ajena, ni mucho menos, a los seres humanos de aquella época. Es un trastorno que también podemos encontrar en cráneos de numerosos dinosaurios. Simplemente, en el de Rhodesia abrió y supuró por el lugar en donde nosotros vemos hoy el orificio».

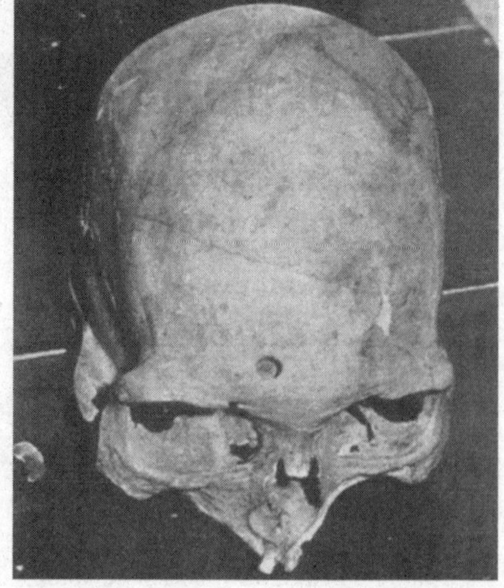

Cráneo de Homo sapiens *de la cueva de Toll (Moiá), con un supuesto disparo en la parte superior (Fotografía de Antonio Ribera).*

El profesor además es muy crítico con las teorías alternativas que se han barajado en torno a este fósil. «Todo eso que se ha contado —nos explica— acerca de que un astronauta que vino por aquí disparando... es una especie de historia china. Tampoco creo que le hubiera mordido un cocodrilo. Si hubiera sido así, tengamos por seguro que el hombre no hubiera sobrevivido ya que al alcanzarle y engancharle por la cabeza, le hubiera zarandeado y le hubiera metido dentro del río, hasta acabar con su vida».

La teoría de que fuera un fósil viviente abatido a tiros, es menos creíble todavía para el profesor. En palabras de todo un experto, «la forma de la huella dejada por el orificio no es de bala. Estas siempre agrietan y quiebran el agujero y en este caso podemos observar una perforación limpia. Por la misma razón tampoco puede ser un agujero hecho post-mortem, de alguien que se hubiera entretenido disparando al cráneo. Lo más lógico, entonces, es pensar en una mastoiditis u otitis que supuró por esa zona de la cabeza».

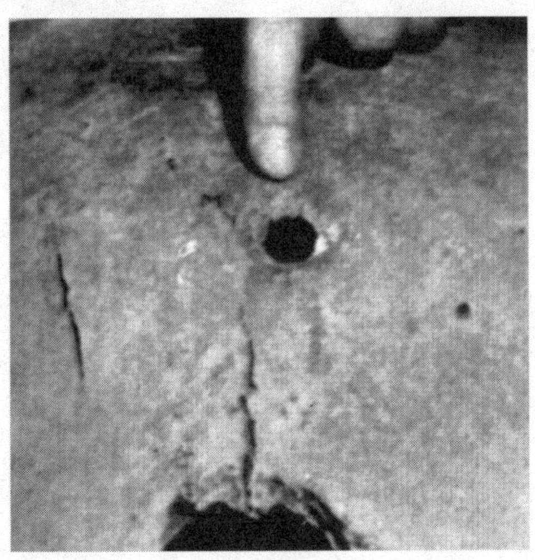

Cráneo de bisonte del Museo Antropológico de Moscú supuestamente perforado por una «bala».

En mi afán de corroborar todos los datos planteados hace décadas por Däniken me llevé una vez más, y no es la primera que me topo cuando intento ir a la fuente original, la sorpresa de que el cráneo del Hombre de Rhodesia no tiene una perforación de lado a lado de la calavera. La otitis solamente se presenta en el lado izquierdo del cráneo.

Bibliografía

RIBERA, Antonio: *Hoguera de condenados*, Ed. Planeta, Barcelona, 1984.

VON DÄNIKEN, Erich: *El mensaje de los dioses*, Ed. Plaza & Janés, Barcelona, 1976.

Capítulo 12

El renacer del esoterismo

El moderno resurgir de una tendencia ideológica un tanto ambigua denominada por muchos la Nueva Era, hunde sus verdaderas raíces en los primeros eruditos que hace más de cinco siglos se atrevieron en pleno Renacimiento a reclamar otras formas de pensar diferentes a las que planteaba la estricta Iglesia Católica.

Son muchos lo que piensan que las antiguas religiones orientales fueron algo más que un simple elenco de rituales exóticos y misteriosos a los que solamente tenían acceso unos pocos elegidos, los iniciados. Pero de entre los que piensan así, no son pocos los que defienden que esa antigua religión ha pervivido entre nosotros. Sus ritos, ceremonias, documentos y en general todo su legado, según afirman algunos, ha trascendido hasta nuestros días a través de las llamadas sociedades secretas; grupos de «iniciados» cuyo punto de partida, en la gran mayoría de las ocasiones tiene su comienzo en el iluminado y a la vez tenebroso mundo del Renacimiento.

Si existe en el Renacimiento italiano una familia que haya destacado entre las demás, no solamente por su poder político y económico, sino también por su inclinación por el mundo de las artes y la cultura en general, esa ha sido la familia de los Médicis. Su fundador, Cosme de Médicis, un famoso comerciante que llegó a ser gobernador de Florencia, apodado por sus contemporáneos como «padre de la patria», recuperando el antiguo título de los emperadores romanos, hacía gala de una serie de inquietudes intelectuales totalmente alejadas de la tónica general de su época. No en vano fue el principal defensor de la sabiduría que emanó de la Academia de Atenas de Platón, chocando frente por frente en numerosas ocasiones con la poderosa y peligrosa Iglesia de la época.

A su sombra trabajó una de las figuras más misteriosas de esta época, Marsilio Ficino, traductor de los *Diálogos* de Platón y «alto sacerdote» en la Academia Platónica del rico comerciante florentino. El propio Ficino influiría en innumerables artistas de la época como Sandro Botticelli, quien legó cuadros de enrevesada interpretación platónica como *La Caluminia*, en el que representó de soslayo a Girolamo Savonarola, un sacerdote dominico comprometido por el cambio social.

Sin embargo, el trabajo que durante décadas había apasionado a Cosme de Médicis pasó a un segundo plano en los últimos años en favor de otros textos antiguos no menos extraños: los legendarios libros de Hermes Trismegisto. Su alegría fue mayúscula cuando a través de un comerciante europeo pudo hacerse con una copia de estos misteriosos

*Hermes Trismegisto
según un grabado
del siglo XVI.*

libros para su biblioteca personal. Las órdenes de Cosme de Médicis a su secretario Marcilio Ficino no se hicieron esperar: debía dejar el trabajo de los diálogos de Platón para dedicarse de lleno a traducir los libros de Hermes Trismegisto. El *Corpus hermeticum* que había conseguido Cosme de Médicis estaba compuesto por catorce volúmenes. El decimoquinto había desaparecido. ¿Qué pudo haber obligado a este rico mercader a ordenar este encargo tan extraño? Después de todo, su Academia Platónica había sido creada en honor del gran Platón, sin mencionar que los sabios de toda Europa habían estado esperando casi 700 años por una traducción de sus grandes obras desde que la Iglesia cerrara la Academia de Atenas en el año 589 d. C.

Según explica el escritor e investigador británico Robert Bauval en su último libro *La Cámara secreta*, «el motivo que subyace detrás de la decisión de Cosme parece estar relacionado con su rápida pérdida de salud. Era bien sabido por los eruditos del Renacimiento, y Cosme era uno de ellos, que los antiguos egipcios tenían fama de haber gozado del secreto de la

Cosme de Médicis, motor del resurgir del esoterismo en el Renacimiento.

inmortalidad y que estos secretos habían sido puestos a salvo en los llamados Libros de Thot-Hermes».

Y en verdad que así fue. Desde luego que los libros de Hermes no poseían ninguna fórmula mágica o alquímica para conservar la eterna juventud ni nada parecido, de lo que ya se ha visto algún problema cuando poco antes se ha tratado el tema del Conde de Saint Germain. La verdadera riqueza de los textos herméticos se basaba en la proyección de una nueva filosofía, totalmente novedosa para la época renacentista y que colocaba sus pilares en la recopilación de antiguas tradiciones de procedencia babilónica, griega y egipcia.

Años después de la muerte de Cosme de Médicis, el principal baluarte del conocimiento hermético, la persona que recogió el testigo de esta nueva filosofía fue el también italiano Giordano Bruno. Este, como años antes lo hiciera Savonarola, estuvo ligado a los dominicos hasta 1576, año en que se salió de la orden para desarrollar una filosofía panteísta de gran riqueza de matices e intuiciones. Según apunta Bauval «la misión de Giordano Bruno comenzó en 1581, cuando él mismo se marcó el objetivo de persuadir a los monarcas europeos para instalar nada menos que la religión mágica de los egipcios como la nueva religión de mundo. Aquel año, Bruno había llegado a la ciudad de París después de deambular por Italia y Europa durante varios meses. En París dio charlas públicas que finalmente llegaron a oídos del rey de Francia, Enrique III». El atrevimiento de Bruno llegó incluso a plantear esta posibilidad de una nueva religión al propio Vaticano. Toda una locura para la gente que estaba cerca de él. El resultado no se hizo esperar. La Iglesia le acusó de hereje y el tribunal de la Inquisición le condenó a morir en la hoguera al igual que hizo con tantos otros adelantados de su tiempo.

Mejor suerte corrió Sandro Botticelli, uno de los pintores más importantes de finales del Quattrocento italiano, quien aunó en su arte algunos de los elementos simbolistas y esotéricos más comunes entre los artistas del Renacimiento. El cuadro de *La Calumnia* es un buen ejemplo de ello.

Alessandro di Mariano Filipepi, más conocido como Sandro Botticelli, nació en Florencia en el año 1445. Su padre fue curtidor, estando familiarizado desde muy pequeño en el ambiente artístico de su ciudad natal, una de las cunas más importantes del Renacimiento. El apelativo de Botticelli, en castellano el «Botijín» le fue dado posiblemente por su maestro orfebre o por su hermano. Hasta su muerte en 1510 Botticelli desarrolló sus dotes artísticas para la pintura, después de haber trabajado con maestros de la talla de Fra Filippo Lippi, Antonio del Pollaiuolo y Andrea del Verrocchio.

Giordano Bruno, uno de los protagonistas de la convulsa historia del siglo XVI.

Al igual que ha sucedido con Leonardo da Vinci, tal y como se presentó en la primera entrega de *La Historia Perdida* al hablar del fresco de *La Última Cena*, varios investigadores modernos han relacionado a Botticelli con el oscuro Priorato de Sión. Recordemos que esta supuesta sociedad secreta de origen medieval defendía la posibilidad de que la Magdalena hubiera sido la esposa de Jesús y que el fruto de su amor se convirtiera en el verdadero Grial, la *Sangre Real*. Los escritores ingleses Michael Baignet, Tichard Leigh y Henry Lincoln defienden en su libro *El Enigma Sagrado* que, desde 1483 y hasta su muerte el 17 de mayo de 1510, Botticelli fue el regidor de los destinos de esta polémica orden.

Sea o no verdad esta afirmación, lo que nadie puede negar es que la obra de Sandro Botticelli, al igual que sucede con la de otros autores de este efervescente período artístico y cultural, está repleta de extraños símbolos de compleja determinación.

Sandro Botticelli trabajó durante gran parte de su vida al mando de grandes familias florentinas. Entre ellas cabe destacar, como ya se ha visto, la de los Médicis. Además de rea-

La Calumnia *de Sandro Botticelli.*

lizar para ellos importantes retratos como el de Giuliano de Médicis, conservado hoy en la *National Gallery of Art* de Washington, también se vio marcadamente influenciado por los círculos culturales que rondaban a la familia, especialmente por Lorenzo de Médicis en quien hizo gran mella el neoplatonismo. Su paso por la obra de Botticelli la podemos ver, por ejemplo, en *El nacimiento de Venus*.

Gran parte de esta influencia neoplatónica provenía de una figura que trabajaba a la sombra de la familia de los Médicis, Marsilio Ficino, sin lugar a dudas uno de los personajes más extraños y misteriosos de la época. Como traductor de los *Diálogos* de Platón y «alto sacerdote» en la Academia Platónica de los Médicis, Ficino influyó en gran medida en la obra de Botticelli. Prueba de ello es la enrevesada interpretación platónica del cuadro *La Calumnia*, reconstrucción de una pintura antigua clásica realizada por el griego Apeles (352-358 a. C.).

En esta tabla de 62 x 91 centímetros, pintada al temple y que hoy se conserva en la Galería Uffizi de Florencia, fue en su momento un encargo realizado por un personaje importante de la época. Aunque no está fechada y hay controversia sobre su datación exacta, la mayor parte de los especialistas la colocan en el año 1495. En el cuadro, de derecha a izquierda podemos ver a varios personajes alegóricos. En primer lugar y sentado sobre su trono se encuentra el rey Midas con orejas de asno. Junto a él velan la Ignorancia y la Sospecha. El rey tiende la mano a la Envidia que, vestida de harapos y con una tea en la mano derecha, guía a la Calumnia hasta el monarca. Esta es peinada por la Insidia y el Fraude. Por su parte, la Calumnia arrastra por los cabellos al calumniado. Al conjunto le sigue la Penitencia, totalmente vestida de negro y con una capucha que le cubre parte del rostro, que a su vez se gira para observar a la Verdad, que en el cuadro de Botticelli aparece totalmente desnuda.

El marco en donde se desarrolla la escena es un edificio neoclásico decorado con infinidad de relieves que cuentan escenas del *Nastapio degli Honesti* del *Decamerón*, de Boccaccio. Este tema ya fue utilizado más de una década antes por Botticelli en una serie de cuatro cuadros, tres de los cuales se conservan en el Museo del Prado en Madrid y el cuarto en una colección privada americana.

Nada tendría de extraño este cuadro si no fuera por las investigaciones publicadas en el año 1933 por Landsberger. Este historiador del arte llegó a la conclusión de que la persona que interpretaba en *La Calumnia* el papel de la Penitencia, un hombre que se cubre con una manto negro, era en realidad una representación esquiva de Girolamo Savonarola, el sacerdote dominico comprometido por el cambio social de su época.

Nacido en Ferrara, Savonarola ingresó con tan solo 22 años en la orden de los dominicos, comenzando a predicar ocho años después en el Priorato de San Marcos. Desde allí criticaba el pecado de la sociedad, atacando de forma clara la corrupción eclesial así como a las grandes familias florentinas como los Médicis. Las acusaciones sociales y políticas se hicieron cada vez mayores alcanzando incluso al Papa Alejandro VI, de quien curiosamente el propio Savonarola llegó a ser primer vicario general. Todo este revuelo junto a la particular forma que tenía de interpretar las Sagradas Escrituras acabaron por hundir la carrera del dominico. En 1495, el mismo año en el que posiblemente se pintó *La Calumnia*, Savonarola era acusado de herejía por Roma.

Tras recuperarse casi milagrosamente de las acusaciones papales, Savonarola es excomulgado en 1497, si bien el propio sacerdote lo negó públicamente haciendo caso omiso de ella. Poco tiempo más duraría su libertad. Después de trabajar durante la peste en ayuda de monjes enfermos, en 1498 se le volvió a acusar de herejía, en esta ocasión con mucha más virulencia, y fue ejecutado el 23 de mayo de ese mismo año.

Muy posiblemente, Botticelli se viera influenciado tanto por Savonarola como por los acontecimientos políticos, sociales y religiosos que rodearon a la figura de este dominico. No es extraño pues que le reflejara de forma críptica en el cuadro *La Calumnia*. Dentro de la interpretación subjetiva de las obras artísticas de los autores renacentistas, no son pocos los pintores que han sido identificados de alguna u otra manera con diferentes tendencias esotéricas de la época. Los sermones apocalípticos en la plaza de San Marcos de Savonarola hicieron cambiar la mentalidad de muchos artistas y entre ellos, sin lugar a dudas, estaba Botticelli. Lo singular de sus pinturas de su última etapa ha llamado la atención de muchos historiadores del arte, quienes ante tal extrañeza se han limitado a emplear adjetivos del tipo «místico» o «enigmático», para explicar algo que pocos comprenden.

Al menos nadie se explica algunas marcas esotéricas aparecidas en los cuadros pertenecientes a su última etapa. Por ejemplo, en la *Virgen del Magnificat* (pintado en la década de 1480) y en la llamada *Virgen de la Granada* (1483), el niño Jesús aparece sosteniendo una granada abierta, símbolo de la

Virgen de la Granada *de Sandro Botticelli.*

fertilidad física y sexual. ¿Se trata de un reconocimiento velado a la descendencia de Jesús? También en este segundo cuadro, *Virgen de la Granada*, el único ángel que se vuelve hacia el espectador porta un aspa rojo cruzándole el pecho: símbolo de la «verdadera iluminación» para los herejes de la época.

Más elocuente es su *Derilecta* (1494). En este cuadro Botticelli presenta a una mujer sollozando acurrucada ante un escalón situado frente a una muralla, rodeada de los jirones de su manto rosa. Los esoteristas han visto en este cuadro una representación de la esposa del Cantar de los Cantares, golpeada por los guardianes de la muralla que la despojaron de su manto; es decir, un simbolismo del significado de María Magdalena.

El legado de los libros herméticos, estemos de acuerdo o no en la autenticidad de sus contenidos, sigue vigente en la actualidad a través de numerosas agrupaciones o colectivos como la Orden Rosacruz. Toda una herencia que aún está por descubrir.

Bibliografía

BAIGNET, Michael, Tichard Leigh y Henry Lincoln: *El Enigma Sagrado*, Ed. Martínez Roca, Barcelona, 1985.

BAUVAL, Robert: *La cámara secreta*, Ed. Oberon, Madrid, 2001.

LOISY, Alfred: *Los misterios paganos y el misterio del cristianismo*, Ed. Paidós, Barcelona, 1990.

Capítulo 13

Jean-François Champollion *versus* Thomas Young

Nadie puede negar la prodigiosa habilidad con los idiomas que tuvo el joven Champollion para poder descifrar los jeroglíficos egipcios en 1822, ni tampoco su paternidad sobre la Egiptología como ciencia. Sin embargo, detrás de este apasionante descubrimiento se esconde una historia todavía no aclarada y que siempre ha sido ocultada por el pertinaz chauvinismo francés.

Al igual que ocurrió con otros grandes genios de su época, verdaderos protagonistas del alba de la arqueología, Jean François Champollion (1790-1832), desde que era apenas un niño sabía perfectamente cuál iba a ser su camino en la historia de los descubrimientos.

En cierta ocasión, cuando Champollion solamente contaba con doce años de edad, gracias a su destacada labor escolar fue obsequiado con la posibilidad de realizar una visita a la colección privada de antigüedades egipcias de Jean Baptiste Joseph Fourier, buen historiador y mejor matemático. Durante esta visita, se cuenta que al pequeño Champollion le llamó la atención la presencia de varios papiros con la curiosa grafía empleada por los antiguos habitantes del Valle del Nilo. Entonces, con la inocencia propia de un chiquillo de su edad preguntó a su anfitrión, «Disculpe señor, ¿puede leerse esto?» Ante la negativa de M. Fourier, Champollion añadió, «Yo lo leeré. Dentro de unos años, cuando sea mayor, lo leeré».

Y la verdad es que no se equivocó. Facultades a este niño prodigio no le faltaban. Pocos meses después de protagonizar esta curiosa anécdota, Champollion dominaba con fluidez el latín, el griego, el hebreo, el árabe, el sirio, el caldeo, el sánscrito, el copto y diferentes dialectos de China y México. Todo un récord para un muchacho que había comenzado a estudiar tarde. Por ello, no resulta extraño el hecho de que, cuando solamente tenía dieciocho años, Champollion ya ocupaba una plaza de profesor en la Universidad de Grenoble.

La pasión por desentrañar el misterio de los jeroglíficos egipcios no era patrimonio exclusivo de Champollion. A la vez que él, en Europa trabajaron independientemente otros científicos y filólogos de la época. Y eso era una cosa que Champollion siempre tuvo muy presente. Todos rivalizaban entre sí, lanzándose descalificaciones mutuamente cada vez que alguno de ellos levantaba la voz para hacer públicos sus avances en algún folletín arqueológico de moda.

Retrato póstumo de Jean-François Champollion.

Fueron muchos los competidores cercanos a Champollion. Entre ellos destacaron el sueco Johan David Åkerblad, el francés Sylvester de Sacy —profesor del propio Champollion cuando este estudió en París— y especialmente Thomas Young, el eminente médico y físico inglés del hospital San Jorge de Londres, quien entre sus aficiones también se encontraba la del estudio del antiguo Egipto. Al igual que el joven prodigio francés, todos estos investigadores trabajaban a partir de copias de un texto aparecido en una losa de basalto descubierta por la expedición francesa de Napoleón en 1799. Conocida como la *Piedra trilingüe de Rosetta*, tenía la particularidad de que sobre su pulida superficie negra había un mismo documento escrito en tres grafías diferentes: griego, demótico y jeroglífico. En ella se encontraba la clave para descifrar los jeroglíficos a partir del griego.

Por fin, el 27 de septiembre de 1822, veinte años después de que lanzara su promesa en la casa de Fourier donde, siendo aún un niño, se comprometió a descifrar el jeroglífico, un entusiasmado Champollion se dirige acompañado de su esposa Rosine hacia la Real Academia de las Inscripciones y Bellas Letras de París. Allí está previsto que lea su *Carta a M. Dacier*, relativa al alfabeto de los jeroglíficos fonéticos empleados por los egipcios para escribir en sus monumentos los títulos, los nombres y los apelativos de los soberanos griegos y romanos.

El médico y sabio inglés, Thomas Young.

De forma exhaustiva a la vez que sintética, Champollion proporcionaba por primera vez una tabla de veintiséis letras, incluyendo varios signos silábicos. Observó con precisión el uso de los determinativos, su gran hallazgo si no el que más importancia tuvo en este trabajo inicial, e identificó de forma correcta diez signos del alfabeto egipcio.

Al año siguiente Champollion concretó su estudio con un libro titulado *Compendio del sistema jeroglífico de los antiguos egipcios*, en el que precisaba aún más todos sus adelantos cotejándolos con algunos de sus contrincantes como su compatriota De Sacy, el sueco Åkerblad o el británico Young. Era la prueba definitiva de que había ganado la partida a sus competidores europeos, a la vez que nacía una nueva ciencia: la Egiptología.

Sin embargo, tuvieron que transcurrir algunos años para que salieran a la luz algunos detalles que hasta el momento habían sido ocultados por el propio Champollion. Y es que cuando cayó en sus manos la copia de los jeroglíficos del obelisco de Cleopatra en Londres, Champollion nunca dijo a nadie que ese documento era una copia del original que había empleado anteriormente su competidor Thomas Young. Este, en un momento de inspiración, supo identificar el nombre de Cleopatra en el jeroglífico, marcándolo así en el papel. Además, Champollion también pudo leer algunas notas de Young

Escritura jeroglífica egipcia sobre uno de los dinteles del templo de Ramsés III en Medinet Habu.

Detalle del kiosco de Sesostris en el templo de Karnak.

Retrato de Jean-François Champollion en su juventud.

sobre el valor de varios ideogramas que el inglés había identificado con éxito.

Desde luego que el documento con el que trabajó Champollion no se trataba de un objeto robado a Young ni nada parecido. Sin embargo, el francés debió mencionar esta fuente y los hallazgos de su contrincante, cosa que nunca hizo. A pesar de todo, Champollion fue el verdadero genio que supo dar forma a la escritura jeroglífica descubriendo la presencia de ideogramas fonéticos, otros silábicos y, sobre todo, los determinativos; hallazgos que ni siquiera sus más cercanos competidores, incluido Young, habían sospechado jamás.

Bibliografía

ADKINS, Lesley, y Roy: *Las claves de Egipto. La carrera por leer los jeroglíficos*, Ed. Debate, Madrid, 2000.

MARTÍN VALENTÍN, Francisco J.: *Gramática egipcia*, Ed. Alderabán, Madrid, 1998.

Capítulo 14

La verdadera historia del demonio Pazuzu

Su aspecto era estrafalario, mezcla de numerosos animales temidos por los antiguos asirios y en su rostro se reflejaba el concepto del mal sentido por este pueblo: ingredientes necesarios para convertirse en uno de los personajes más curiosos de la película *El Exorcista*. Pero, ¿cuál es el verdadero origen de esta insólita escultura asiria?

La película *El Exorcista* está basada en un caso real sucedido en enero de 1949 en Washington. En aquel año, el periódico *Washington Post* sacó a la luz una noticia relacionada con una posible posesión protagonizada por un muchacho. Todo este asunto inspiró a William Blatty una novela que fue llevada al cine en el año 1973, bajo la dirección de William Friedkin. La historia comenzaba muy lejos de Estados Unidos.

Un sol abrasador cubre toda la excavación de la ciudad de Nínive, al sur del moderno Irak y muy cerca de la margen izquierda del mítico río Tigris. Entre muro y muro de la majestuosa urbe que hizo temblar a todo Oriente hace más de 3.000 años, se amontonan las toneladas de arena que, pacientemente, capazo a capazo, van retirando los obreros de la excavación. Con lentitud sacan a la luz la historia de una ciudad que tuvo su máximo apogeo durante el reinado del todopoderoso rey Senaquerib (705-681 a. C.), el mismo que mandó construir un gigantesco palacio y el famoso parque zoológico. En él se guardaban toda clase de fieras exóticas venidas de las tierras conquistadas por los asirios en Oriente. Más de veintiséis siglos después de su destrucción por parte de lo babilonios, los modernos arqueólogos hacen de tripas corazón para devolver al lugar la gloria que hizo brillar a la antigua Mesopotamia.

Uno de los protagonistas de esta fascinante aventura es el padre Merrin, interpretado en la película por el actor, Max Von Sydow. Se trata de un viejo sacerdote que está a punto de realizar un hallazgo arqueológico asombroso. Avisado por uno de los jóvenes obreros, el padre Merrin acude al lugar en el que acaba de aparecer una extraña figura en el interior de una especie de nicho repleto de escombros. Cubierto por algunos pedruscos, el sacerdote rescata del pasado una pequeña figura de bronce de aspecto estrafalario. Se trata de un demonio Pazuzu, una de las numerosas e insólitas representaciones del mal en la antigua mitología mesopotámica. Pero, ¿qué fue realmente lo que descubrió el padre Merrin en las ruinas de Nínive?

Con este curioso comienzo, *El Exorcista* introducía un misterioso personaje en la trama de la película. Se trata del llamado demonio Pazuzu. Aunque parezca insólito, la figura del Pazuzu existe. En la actualidad se conserva en la sección de Oriente del Museo parisino del Louvre. Se trata de una pieza datada en el llamado Imperio Nuevo Asirio, hacia los siglos VIII y VII a. C., momento en el que el reino de Asiria estaba bajo el dominio del rey Senaquerib.

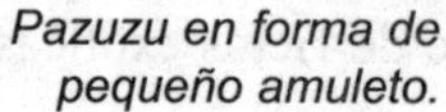

Pazuzu en forma de pequeño amuleto.

Está trabajada en bronce y su altura no supera los 14,5 centímetros. Y aunque en la película aparezca que fue descubierta en Nínive, la verdad es que este detalle se desconoce. Al igual que otras antigüedades egipcias u orientales, la figura llegó al museo del Louvre de procedencia ignorada.

También podemos encontrar imágenes de esta divinidad en el Museo Británico de Londres, fragmentados todos ellos, y sin la espectacularidad de la pieza parisina.

Su cuerpo está formado por la unión de varias partes de animales diferentes. Lo más llamativo de su fisonomía es su cara deforme. Para algunos asiriólogos se trata de una extraña combinación de rostro perruno con cráneo humano, muy similar al que presentan otras piezas demoníacas halladas en Irak, de las que solamente se ha podido conservar la cabeza. Los brazos del Pazuzu acaban en unas terribles y afiladas garras, posiblemente de águila, ave del que quizás también tome sus cuatro gigantescas alas. Por otro lado, sus extremidades inferiores pertenecen a las de un león, animal que habitaba el desierto en la antigua Mesopotamia.

Sobre el dorso lleva una inscripción en la que se puede leer que era hijo del dios Hanpa, el rey de los espíritus malignos del aire. En concreto, se pensaba que el Pazuzu era la representación de los vientos tormentosos del sudeste, al que se le temía como portador de enfermedades. Para contrarrestar su temible poder, existían una serie de conjuros que neu-

Relieve asirio con representación de cacería de leones.

tralizaban el terrible poder del Pazuzu, convirtiéndolo, incluso, en un ser protector. En este sentido, este extraño diablillo tenía la función de frenar el ímpetu de otros demonios similares, cuando estos querían hacer la vida imposible a los humanos.

El Pazuzu del Louvre lleva en la cabeza una anilla, lo que demuestra que, debido a su pequeño tamaño, este demonio era utilizado como un amuleto o talismán que se colgaba del cuello. En la actualidad, los asiriólogos ven en este extraño ser no una representación del mal en sí mismo, sino una especie de espíritu o geniecillo protector, de carácter benéfico, muy similar al diminuto dios Bes de los antiguos egipcios; un ser de aspecto grotesco que era empleado como divinidad protectora de carácter doméstico y, al igual que el Pazuzu, muy común en amuletos y talismanes.

Salvo algunos artículos escritos en publicaciones especializadas alemanas, muy poco es lo que se ha podido contar sobre esta insólita figura. Como ya hemos dicho, se desconoce a ciencia cierta el lugar en donde apareció, al igual que la fecha del hallazgo.

Como es de esperar, la figura original del Pazuzu no tiene nada que ver con la imagen que ofrece en la pantalla del cine el demonio que desencadena toda la parafernalia hollywoodiense de *El Exorcista*. Además, existe un detalle bastante curioso que desliga totalmente el significado de este demonio asirio con el concepto del mal que aparece en la película.

Los antiguos asirios nunca creyeron en posesiones diabólicas ni nada que se le pareciera. Sus creencias del mal se basaban en la existencia no de una entidad maléfica en sí, sino de una «sensación de mal» muy concreta. Y es que el concepto de mal que había en esta civilización estaba basado en lo que ellos denominarían «un mal de sufrimiento», es decir, nos enfrentamos ante una idea de mal que genera estadios de enfermedad, dolor y penas en el hombre, pero no un mal tal y como lo entendemos en la actualidad. Precisamente, para contrarrestar todos estos males estaba el propio Pazuzu.

Bibliografía

JAMES, E. O.: *Los dioses del mundo antiguo*, Ed. Destino, Madrid, 1962.

PORTER, Carmen: *Misterios de la Iglesia*, Ed. EDAF, Madrid, 2002.

Divinidad alada asiria.

Capítulo 15

Felipe II: el monarca que «nació» dos veces

Felipe II fue un rey insólito debido a sus extraños gustos esotéricos y mágicos, incluso su propio nacimiento, según algunos investigadores, está sumido en el misterio. Dónde, cómo y cuándo nació nuestro rey más universal, es todavía hoy una de las asignaturas pendientes de la historia de este misterioso monarca español que tuvo el mundo a sus pies en pleno siglo XVI.

Ningún historiador pone en duda que bajo el cetro del rey Felipe II se agrupó la unidad territorial más extensa de toda la edad moderna y una de las más grandes de toda la propia historia del hombre. Bajo su mando se encontraban la corona española, las dos coronas de Castilla y Aragón, Navarra, el Rosellón, el Franco Condado, los Países Bajos, Sicilia, Cerdeña, el Milanesado, Nápoles, diversas plazas norteafricanas como Orán y Túnez, Portugal y su Imperio extendido por todo África y Asia y, por supuesto, toda la América descubierta y Filipinas.

Otros investigadores, sin embargo, ponen en duda las extrañas artes que rodearon a la vida de este insólito monarca cuyo máximo valuarte es la construcción de uno de los templos herméticos más impresionantes de la humanidad, el monasterio de Nuestra Señora de El Escorial. Algo de todo ello ya lo hemos podido leer al hablar del elixir de la eterna juventud.

Pero en donde realmente existen problemas es en saber algo aparentemente sencillo: ¿dónde nació Felipe II? La respuesta, que podría ser Valladolid, es, según algunos historiadores, un asunto todavía inexplicado.

Según relata el prestigioso historiador del reinado de Felipe II, Manuel Fernández Álvarez, en su obra *Felipe II y su tiempo*, una comitiva real trasladaba en litera a la emperatriz Isabel de Portugal y a su esposo Carlos V. Salieron de Granada en enero de 1527 de forma casi precipitada. La razón no era otra que el embarazo del primer hijo del joven matrimonio, casado unos meses antes, en el verano de 1526.

El duro invierno demora la marcha de la comitiva real, por lo que Carlos I decide tomar la delantera hacia Valladolid para ir solventando todos los problemas que se pudieran plantear en el camino. El tiempo resultaba especialmente duro y era necesario buscar los mejores alojamientos durante el recorrido para que su esposa no sufriera el menor agravio.

Felipe II vestido como el rey Salomón.

Según relata el embajador polaco Dantisco, el cortejo tardó más de un mes en llegar a la ciudad de Valladolid: «Llegó aquí la señora Emperatriz a 22 del pasado mes de febrero conducida desde Granada hasta aquí en una litera, siempre a hombros de 24 hombres.» El pueblo estalló de júbilo con la entrada de la corte imperial, saliendo a la calle para acompañarla hasta el palacio de los Pimentel.

Por fin, el martes 21 de mayo Carlos V envió, por mediación de su secretario Francisco de los Cobos, una misiva a todo el reino en la que se comunicaba a los miembros de su corte y a todos los *ommes buenos* el feliz nacimiento de un varón ese mismo día. Una noticia feliz que culminaba el dificultoso parto de más de 16 horas que tuvo que sufrir la emperatriz y sin un grito, pese a que la matrona le indicaba lo contrario, que gritara. Pero Isabel la regañaba diciendo: «¡Non me faleis tal, porque eu morrerey, mais non gritarey!»

Carlos V con su perro, por Tiziano. Museo del Prado (Madrid).

*Retrato de Felipe II.
Museo del Prado, Madrid.*

*Isabel de Portugal,
madre de Felipe II.*

Lo que no cuadra en toda esta historia es el hecho de que si realmente Felipe II nació en mayo, no tiene mucho sentido la precipitada salida de Granada de su madre en enero, para permanecer cuatro meses sin salir del palacio de Pimentel hasta el alumbramiento.

En este sentido, cabe otra posibilidad, quizás más especulativa, pero que no pocos han dado por buena. Y es que Felipe II no llego a nacer en Valladolid sino que lo hizo de camino, posiblemente en un pequeño pueblecito de la provincia de Salamanca llamado Villoruela.

En el archivo parroquial de esta localidad charra, de poco más de 1.000 habitantes, se conservan unos documentos que no hacen más que enrevesar el problema. En el Libro Sacramental siglo XVI, folio 38, se puede leer:

Palacio de Pimentel, hoy sede de la Diputación de Valladolid, en donde nació Felipe II en 1527.

> In nomine Domini: Manifiesto sea a todos los que la presente vieren y oyeren cómo en el año de mil quinientos e veintisiete años, a veinte y dos días del mes de mayo, nasció el hijo del emperador don Carlos, muy serenísimo rey y emperador, e de la serenísima Reina y Emperatriz, nuestros señores, e llamóse el príncipe de Castilla don Felipe. E por ser verdad yo el bachiller... [no se entiende] lo firmé de mi nombre.

Fernández Álvarez lo justifica como el gesto emocionado del párroco del pueblo por el nuevo nacimiento. Sin embargo, otros reclaman el verdadero nacimiento meses antes en la población salmantina de lo que a la postre sería uno de los monarcas más importantes de toda la Historia.

Bibliografía

FERNÁNDEZ ÁLVAREZ, Manuel: *Felipe II y su tiempo*, Ed. Espasa, Madrid, 1998.
PARKER, Geoffrey: *Felipe II*, Ed. Alianza, Madrid, 1979.

Capítulo 16

¿Dónde está la tumba de Alejandro?

Hace 25 siglos el mundo entero se rindió a sus pies. Con apenas 20 años, Alejandro Magno conquistó todos y cada uno de los grandes imperios de la antigüedad. En la actualidad, la ubicación de la tumba de este coloso de la Historia sigue sumergida en las brumas del misterio; aliciente que ha motivado a un gran número de arqueólogos a buscar su magnífico sepulcro, aunque todavía ninguno de ellos ha tenido éxito.

«Alá maak ya habibi», le dije en señal de despedida a mi improvisado guía Ahmed, el joven que amablemente me había señalado la ubicación de la mezquita de Nebi Daniel, en pleno corazón de la zona antigua de Alejandría. Una cita con mi mujer me había servido de excusa para deshacerme de forma cordial de este espontáneo que ya amenazaba con toda clase de halagos, con la intención de seguirme durante el resto del día y mostrarme los rincones más fascinantes de esta ciudad mediterránea.

La mezquita de Nebi Daniel es un lugar singular que no queda a más de 15 minutos del Museo Grecorromano de Alejandría. Este diminuto edificio se levanta en la calle que tiene el mismo nombre que la mezquita, una de las arterias principales de la ciudad, siempre plagada de los populares taxis amarillos y negros. Sorteando toda clase de puestos callejeros de prensa y coranes, incrustada en un pequeño callejón, allí se encuentra la mezquita de Nebi Daniel. Bajo su verde suelo sagrado se halla la modesta tumba del profeta Daniel, personaje que nada tiene que ver con el profeta bíblico del Antiguo Testamento. Pero si por algo es famosa esta mezquita en el mundo de la Egiptología es por la extendida creencia de que en algún lugar de las enrevesadas galerías que recorren su subsuelo se encuentra una de las tumbas más buscadas de la antigüedad: la de Alejandro Magno (356-323 a. C.).

Hijo de Filipo II de Macedonia y de su esposa Olimpia, educado por el filósofo Aristóteles, Alejandro Magno continuó con éxito a la muerte de su padre el proyecto de Estado que le llevaría en muy pocos años a ser el dueño y señor de todo el mundo conocido de la antigüedad. Muerto a la temprana edad de 33 años y convertido casi en un dios vivo por sus seguidores, siguió protagonizando hechos extraordinarios inmediatamente después de abandonar este mundo. Según relata el autor latino Quinto Curcio Rufo del siglo I d. C. en su *Historia de Alejandro Magno*, el cuerpo del emperador macedonio permaneció insepulto durante un mes, no presentando por ello síntoma alguno de descomposición. En el libro también se dice que el cuerpo fue embalsamado, envuelto en miel según algunos testigos y llevado en un carro de 46 mulas hasta Grecia. Uno de los generales más destacados del ejército de Alejandro, Ptolomeo, heredero de Egipto, capturó el cuerpo y lo enterró en Menfis mientras le preparaba una tumba espectacular en Alejandría. No en vano, el joven

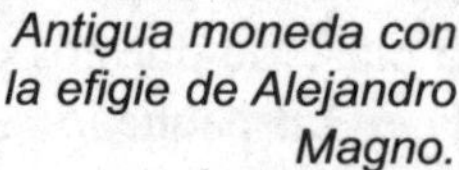

Antigua moneda con la efigie de Alejandro Magno.

emperador tenía especial predilección por esta importante ciudad que él mismo mandaría construir sobre un antiguo foco urbano llamado Racotis. Sin embargo, con este extraño periplo, se contravenía el deseo del propio Alejandro, que era ser enterrado en el oasis de Siwa junto al oráculo de Amón —en el desierto libio de Egipto—, divinidad que le declaró faraón de la tierra de los faraones nueve años antes de morir.

A su paso por Menfis, la procesión que trasladaba el cuerpo embalsamado de Alejandro en el interior de un sarcófago de mármol, hoy conservado en el museo de Topkapi de Estambul, se detuvo por extrañas circunstancias. El nuevo soberano de Egipto, ahora Ptolomeo I, colocó el cadáver en un sarcófago mucho más lujoso, esta vez de oro, trasladándolo a un recinto cercano a los palacios de la por entonces capital de Egipto, Alejandría. Más tarde, con el fin de paliar la grave crisis económica que sufría el país, se volvió a cambiar de sarcófago, introduciendo el cadáver de Alejandro en esta ocasión en una urna de cristal. Posteriormente, la reina Cleopatra VII (69-30 a. C.) saqueará las tumbas reales del palacio en donde se encontraba el cuerpo del glorioso emperador, perdiéndose la pista de su ubicación exacta para siempre.

Ruinas del antiguo teatro de Alejandría.

Poco más es lo que sabemos de los momentos que sucedieron a la muerte de Alejandro y, especialmente, a lo que ocurrió después con su cadáver. En este sentido, las hipótesis son muy numerosas y todas ellas, más o menos, están basadas en el hallazgo de algún tipo de prueba histórica, ya sea un documento o un resto arqueológico. Por ejemplo, el helenista E. Brecia opina que la momia se encuentra en una tumba subterránea sobre la que se construyó un magnífico templo con pórtico, erigido para la devoción del *ka* de Alejandro Magno, tal y como tradicionalmente se llevaba a cabo con los faraones egipcios. Al parecer, siempre según Brescia, esta tumba desapareció a finales del siglo III d. C. por razones hoy desconocidas, aunque los investigadores se inclinan ante la posibilidad de un terremoto o las guerras intestinas entre cristianos y egipcios.

Sin embargo, la tradición oral señala que el cuerpo de Alejandro está enterrado en el llamado Kom el Demas —*ciernas* en árabe significa «cuerpo»—. Y precisamente es en este lugar es donde se encuentra la mezquita del profeta Daniel, una de nuestras visitas obligadas en la ciudad de Alejandría. La mezquita de Nebi Daniel se encuentra a muy pocos metros del teatro romano y del resto del centro urbano de la antigua ciudad de Alejandría. Tras el resbalón arqueológico de Siwa, en donde una expedición griega dirigida por la arqueóloga Leana Souvaltzis pretendió haber encontrado la tumba de Alejandro Magno en 1995, la última morada de este emperador sigue siendo hoy un enigma de la arqueología.

La tradición local que identifica la mezquita de Nebi Daniel con el mismo lugar en el que algún día se albergó la tumba de Alejandro Magno, es muy antigua. Ya en el siglo XI un viajero hablaba de este lugar del barrio antiguo de Alejandría como la mezquita del «profeta con cuernos». Para muchos este detalle está haciendo una alusión muy clara a la corona de cuernos que portaba Alejandro como rey identificado con Amón; el mismo dios que en el oasis de Siwa le dio en persona el trono de Egipto, liberando al pueblo del Nilo de la opresión persa.

En esta misma época, y durante el resto de la Edad Media, la tradición egipcia vinculaba este lugar con el mismo en donde se había enterrado al profeta Daniel y reposaba el rey y profeta Iskander, es decir, «Alejandro».

Bajo el suelo sagrado de la mezquita surge una plétora de misteriosos e interminables pasillos con recovecos y galerías capaces de estremecer al más valiente buscador de tesoros. Esta es la razón por la que quizás nunca se han investigado a fondo. Si al consabido problema religioso que conlleva la excavación de cualquier mezquita le añadimos que estas galerías se extienden por los subterráneos de toda la ciudad, al final, la tumba de Alejandro puede encontrarse en cualquier sitio. Hace pocos años, mientras se realizaban los sondeos para la construcción de una nueva carretera que atravesara el núcleo antiguo de la ciudad, el equipo del arqueólogo francés Jean Yves Empereur, famoso por haber descubierto el faro o el palacio de la reina Cleopatra en la bahía de Alejandría, se topó en esta ocasión con un enrevesado tiralíneas de túneles. Su función parecía a primera vista bastante clara. No era más que una pequeña parte de la vieja necrópolis tardorromana de la ciudad. Cientos de tumbas discurrían pegadas a la pared a la espera de ser descubiertas.

Excavaciones en el oasis de Siwa, junto a la supuesta tumba de Alejandro.

Túneles como estos son los que han despertado la imaginación de los habitantes de la ciudad, quienes han hecho de ellos los protagonistas de historias increíbles. Por ejemplo, se cuenta la historia de una prometida gorda que durante la procesión de su boda, su excesivo peso le hizo caer en un agujero que iba a dar a uno de estos misteriosos túneles. Curiosamente, la mujer desapareció para siempre, a pesar de los intentos de los invitados por buscarla en los laberínticos vericuetos de los subterráneos alejandrinos.

Otras historias sobre estas galerías están más relacionadas con la propia tumba de Alejandro y la mezquita de Nebi Daniel. En el año 1850, un empleado del consulado ruso en Egipto durante una visita a la ciudad de Alejandría, y tentado por la curiosidad que había despertado en él las historias que se contaban sobre los misteriosos túneles que discurrían bajo la mezquita de Nebi Daniel, decidió bajar un día para descubrir qué había de cierto en todo aquello. Tras descender por los escalones de la vieja escalera de madera, lo primero que vio iluminado por la llama de su antorcha fue el sarcófago que contenía los restos del profeta Nebi Daniel, un modesto aunque enorme ataúd cubierto por un hermoso mantel blanco. Iluminado por la anaranjada luz de su antorcha comenzó a caminar por los estrechos y bajos pasadizos que partían del subsuelo de la mezquita.

Cuando salió, el funcionario del consulado dijo haber visto en el interior una apertura de piedra sobre una pared de los misteriosos túneles que acababa de explorar. A través de ella, se podía ver un rico ataúd de cristal que contenía en su interior un cuerpo humano con una diadema en la cabeza. Alrededor también podían observarse varios fragmentos de viejos papiros. La verdad es que esta descripción encaja bastante bien con los testimonios de los últimos testigos de la tumba de Alejandro Magno. Sin embargo, todos los investigadores que han seguido de cerca este enigma histórico están de acuerdo en reconocer que probablemente el diplomático ruso mintió.

Desde entonces ya ha pasado más de un siglo y medio y el aspecto del interior de la mezquita y de la tumba del profeta no han cambiado en absoluto. Pero lo más interesante de todo es que, cualquiera que descienda por la escalera verde que lleva a la tumba, puede descubrir al final de la estancia el comienzo del enrevesado laberinto de túneles en los que, supuestamente, el diplomático descubrió la tumba de Alejandro.

Este testimonio no es único. El mismo año en que el diplomático ruso relató su increíble historia el griego Ambrosios Schilizzi dijo haber visto en una prospección realizada a través de una grieta el sarcófago del emperador macedonio.

Uno de los últimos intentos de excavación en este mismo lugar fue solicitado por Howard Carter, el mismo arqueólogo británico que descubrió en 1922 la fabulosa tumba del rey Tutankhamón en el Valle de lo Reyes. Sin embargo, como era de esperar, el permiso se le denegó. Aunque abandonado de forma momentánea, la mezquita de Nebi Daniel sigue siendo el punto más caliente para la búsqueda de la tumba de Alejandro. Quizás las nuevas tecnologías de prospección, que apenas requieren el empleo de pico y pala para descubrir cámaras, puedan una respuesta definitiva al enigma que rodea a este extraordinario sepulcro.

En febrero de 1995 las páginas de cultura de todos los periódicos giraron en torno a una misma noticia. Liana Souvaltzi, una arqueóloga griega que llevaba excavando en el oasis de Siwa desde hacía cinco años, acababa de descubrir la tumba de Alejandro Magno. Sin embargo, nada más conocerse la noticia una delegación griega viajó al lugar, negando la existencia de tan anhelado hallazgo. El mismo febrero, el ministro de Cultura griego Thanos Mikrutsikos declaró en Atenas, siguiendo las indicaciones de Haralambos Kritzas y Yanis Tsedakis (dos arqueólogos que se acercaron a ver la excavación de Siwa) que los tres fragmentos de texto que aparecieron en la tumba de Siwa pertenecían a una placa y que no se mencionaba por ningún lado ni a Alejandro Magno ni a su sucesor Ptolomeo. Además, la datación parecía ser del siglo II d. C., no del IV a. C. Por su parte, la directora del Museo de Salónica, Maria Tsbidu añadió que no se trataba ni siquiera de una tumba de época macedonia y que ella prefería llamarlo monumento.

La excavación se abandonó en 1997, cuando el Servicio de antigüedades de Egipto confirmara definitivamente que

Entrada a la mezquita de Nebi Daniel.

Detalle del mosaico del combate de Alejandro con los persas.

aquel lugar no era la tumba de Alejandro. Sin embargo, la arqueóloga griega Liana Souvaltzi seguía en sus trece, defendiendo que bajo los seis metros de agua que cegaban la tumba se encontraba realmente la tumba de Alejandro. Circunstancia que provocó que desde entonces se la tachara de «mujer visionaria y con gran inventiva».

Bibliografía

ARES, Nacho: *El Valle de las Momias de Oro*, Ed. Oberon, Madrid, 2000.

ARES, Nacho: *Viaje iniciático por los templos sagrados del Antiguo Egipto*, Ed. EDAF, Madrid, 2001.

Capítulo 17

Petra: el enigma de piedra

Tesoro de mil colores, sumergido en pleno corazón de Jordania, Petra ha sido, es y será uno de los mejores marcos naturales para representar un teatro de sueños. Muda al paso del tiempo, la piedra de su Ciudad Rosa sigue escondiendo numerosos interrogantes sobre la técnica de trabajo empleada hace siglos en estos gigantescos mausoleos por una mano todavía ignorada.

Sin lugar a dudas, aquello era más hermoso que todo lo que le habían contado. Después de haber paseado por el lugar no es difícil hacer un ejercicio de imaginación y figurarse los escalofríos que debieron de recorrer la espalda del anglo-suizo Johann Ludwig Burckhardt cuando en 1812, a lomos de su caballo, fue el primer hombre occidental en tener noticia de la existencia de la ciudad de Petra.

Las pocas referencias que tuvo este aventurero sobre la misteriosa ciudad le habían llegado gracias a su amistad con los beduinos. Por aquel entonces Petra era utilizado como lugar de refugio de los habitantes de la región del actual *Wadi Musa* (Valle de Moisés) para huir de la opresión turca. Burckhardt tuvo la paciencia necesaria para poder, por fin, alcanzar uno de sus sueños más anhelados. Para llegar hasta allí tuvo que convertirse a la relígión de los beduinos y más tarde fingir que iba a realizar una ofrenda a Aarón, de quien se decía que fue enterrado en uno de los lugares mágicos de

Petra. Solamente de esta manera pudo acceder hasta la ciudad de los antiguos nabateos.

Si por algo ha destacado Petra dentro del ámbito arqueológico es por la poca información que poseemos tanto del lugar como de sus monumentos. Dejando de lado algunos restos prehistóricos hallados en las cercanías, nada sabemos de esta misteriosa ciudad hasta el siglo VII a. C. Efectivamente, hace 2.500 años el territorio pertenecía a los edomitas, mencionados en la Biblia (Josué 18) como los habitantes de Sela, nombre que al igual que el griego Petra, significa «piedra». Según los restos arqueológicos, los edomitas abandonaron el lugar cien años después tras ocurrir un gran incendio.

Convertida en una ciudad fantasma, Petra no volverá a ser habitada hasta el siglo IV a. C. con la llegada de los nabateos, un poderoso pueblo procedente del noroeste de Arabia. Desde ese instante y hasta que Trajano conquiste el lugar en el año 106 d. C., Petra y los nabateos estarán unidos en una sola esencia.

Detalle del trabajo de la piedra en el interior del famoso Tesoro de Petra (Foto: José Miguel Espejo).

Tras recorrer los 2 kilómetros del Siq en los que todavía se conserva el adoquinado original de la época nabatea y después de cruzar capillas y fantasmagóricos personajes grabados sobre la roca del acantilado, llegamos al monumento más emblemático de toda Petra: *el Khaznah*, más conocido como *el Tesoro*. Su aparición, casi mágica, embriaga de encantamiento la salida del Siq.

Acceso al Tesoro de Petra, al final del Siq.

Decorado de una de las escenas más importantes de la vida de Indiana Jones, la fecha de su construcción sigue siendo un misterio todavía hoy. Ni siquiera sabemos si fue un templo o alguna tumba de un rey nabateo, aunque tenemos constancia de que en su interior vivieron algunos monjes que se encargaban de cuidar el lugar, lo que lo identifica con una suerte de lugar sagrado.

Desde luego no es algo casual que todos los visitantes de Petra se vean sorprendidos por la calidad del trabajo de la piedra en esta ciudad fantasma. Uno de los lugares en los que mejor se observa este sorprendente trabajo es en la sala central del llamado Palacio de la Urna, edificio que pudo ser la tumba de un rey nabateo del siglo I d. C.

En primer lugar, la orientación del edificio es asombrosa. Su fachada mira al oeste con una precisión meridiana. Pero llama más la atención el interior con sus tres capillas orientadas hacia el este. Sobre las paredes de esta gigantesca estancia de varios cientos de metros cuadrados se pueden ver perfectamente las marcas dejadas por las herramientas en el trabajo de esta piedra. Sobre la cara de la pared existen infinidad de líneas paralelas, con cinco o seis centímetros de separación entre ellas y con cuarenta y cinco grados de inclinación, que recorren de extremo a extremo los gigantescos muros. Los dibujos que forma el veteado de la piedra junto con estas sorprendentes líneas, crea un espectáculo estético de gran belleza.

Tramado del techo del llamado Palacio de la Urna. (Foto: José Miguel Espejo).

Este método de vaciado de la montaña, que se puede apreciar en otros monumentos de Petra, sorprende debido a la precisión casi milimétrica que emplearon los nabateos en este trabajo, hace más de 2.000 años.

De igual manera nos puede sorprender la existencia de unos extraños entrantes colocados a ambos lados de la fachada del *Tesoro* y que frecuentemente suelen achacarse, a falta de otra explicación mejor, a la colocación de andamios ante el edificio para su excavación. Otro misterio de la Ciudad Rosa.

Fachada del Tesoro.

El monumento de los obeliscos al comienzo del Siq de Petra.

Bibliografía

BIENKOWSKI, P.: *The art of Jordan*, Sutton Publishing, Londres, 1996.

LANKASTER HARDING, G.: *The antiquities of Jordan*, Lutterworth Publishing, Londres, 1990.

Capítulo 18

Cristales de los dioses

Las vitrinas de nuestros museos están repletas de piezas cuyas etiquetas describen objetos que no hacen honor a la realidad. En muchos casos podemos encontrar fragmentos de cristal relacionados con alguna suerte de objeto votivo. Pero no son sino lentes, piezas que hace miles de años fueron utilizadas como instrumentos ópticos que hoy no alcanzamos a comprender.

Robert Temple, autor británico conocido por su obra *El Misterio de Sirio*, ha dedicado los últimos años a la investigación de un tema tan atípico como es la óptica en la antigüedad. ¿Existía realmente esta disciplina hace más de 2.000 años? Al menos así lo cree Temple en su último libro *El sol de cristal*. Los ejemplos son cuantiosos y lo más sorprendente de todo es que en la mayoría de las ocasiones siguen pasando desapercibidos para los ojos de un profano en las vitrinas de los museos de todo el mundo.

El ejemplo más conocido quizás sea el de la *Lente de Layard*, objeto número 12.091 del Departamento de Antigüedades de Asia Occidental del Museo Británico de Londres. La lente fue descubierta en 1849 por Austen Henry Layard, en una cámara identificada como Sala AB del palacio del Noroeste de Kalhu, la antigua capital asiria, más conocida como Nimrud.

La *Lente de Layard* es un cristal de roca plano-convexo, de forma oval. Tiene un grosor máximo de 6,2 milímetros y uno mínimo de 4,1. Su eje mayor mide 4,2 centímetros y el menor 3,43. Las bisecciones de los dos ejes, que forman una Cruz de San Andrés arrojan medidas iguales de 4,17 centímetros, lo que nos da a entender su forma elipsoide regular. Ya en 1853 Sir David Brewster, distinguido científico escocés especializado en óptica, publicó su propio artículo sobre la *Lente de Layard*, aportando datos sorprendentes sobre la naturaleza y finalidad de este misterioso objeto.

Por su parte, la primera ilustración de la lente no apareció hasta tres décadas después, en el *Sumario de Investigaciones Actuales sobre Zoología, Botánica, Microscopia*, que hacía referencia a una pequeña nota aparecida en la revista británica *Journal of the Royal Microscopical Society*.

Todo este interés por el extraño cristal de cuarzo devino en conclusiones realmente desestabilizadoras y que con el paso del tiempo algunos asiriólogos parecen haber olvidado. Robert Temple señala que la *Lente de Layard* demuestra a todas luces que «los antiguos conocieron las lentes convexas».

Su datación podría ubicarse hacia el siglo VII a. C. Según Temple, se trata de una lente perfectamente clara y transparente, sin defecto alguno y que fue realizada a partir de una pieza de cuarzo de gran calidad. Todo parece indicar que en origen estuvo montada sobre algún otro objeto. Además, el

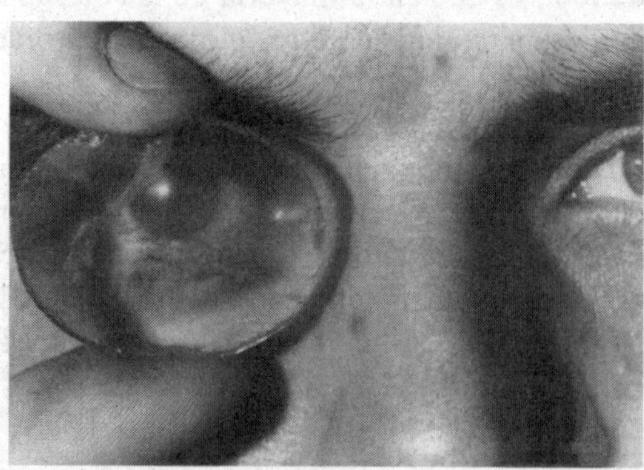

Lente de Layard (*Foto, R. Temple*).

cristal tiene la forma y tamaño correspondiente a la órbita ocular humana. A todo esto hay que añadir que la lente aumenta la imagen, lo que la convierte muy posiblemente en un objeto de naturaleza óptica.

El Museo Egipcio de El Cairo expone en una de sus salas un objeto de similares características que hace plantear la posibilidad de que este tipo de lentes magnificadoras fueran algo común dentro del mundo antiguo, testigos quizás de una tecnología hoy perdida. En concreto, en la primera planta del edificio cairota, sala 49, Vitrina B, podemos ver algunos de los fragmentos de cristal descubiertos en la localidad egipcia de Karanis y que se encuentra junto al extremo oriental del lago Moeris, en el oasis de El Fayum, muy cerca de donde la tradición ubica el misterioso *Laberinto* descrito por los autores clásicos. Allí se realizaron varias excavaciones arqueológicas entre los años 1924 y 1929 que dieron como resultado los objetos que se muestran en esta olvidada vitrina del museo.

Según pudo constatar Robert Temple, las dos entradas de la lente en el catálogo rezaban: «Objeto similar a una lente plano-convexa —cristal verdoso pálido. Diámetro 0,05 [cm].» y «Objeto similar a una lente —verde pálido. Cristal. Tercer siglo d. C.» El diámetro de la pieza que aquí nos interesa (52787) varía entre los 4,93 centímetros y los 5,03, ya que la lente no es perfectamente redonda. El grosor del borde varía entre 0,6 y 1 milímetro.

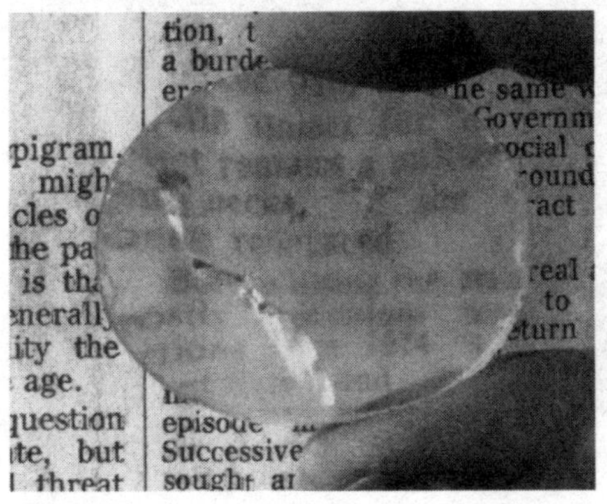

Lente de Layard *empleada como lupa de aumento* (Foto, R. Temple).

Esta lente es muy similar a la descubierta por Layard en Nimrud setenta años antes. Su base parece ser perfectamente plana, mostrando unos patrones de talla circular a lo largo de toda la base, lo que indica claramente que fue objeto de un proceso de talla por rotación durante su fabricación. De todo ello se deduce que el nivel de manufactura en la Karanis del III siglo d. C. era realmente sorprendente.

Cualquiera que se acerque a estudiar este tipo de objetos a los respectivos museos en los que se encuentran podrá descubrir que no reciben toda la importancia que realmente se merecen. Especular con la posible funcionalidad de estas curiosas lentes (o quizás habría que escribir «lentes») es algo que todavía desconocemos. Sabemos que a lo largo de la antigüedad se alcanzaron hitos tecnológicos que ellos mismos no sabían interpretar, ya que su descubrimiento fue seguramente producto del azar y no de un elaborado proceso científico de investigación y experimentación. Hasta nosotros han llegado pruebas más que contundentes para demostrar la existencia de un conocimiento superficial de la electricidad. Algo parecido pudo suceder con este tipo de lentes convexas, aunque todavía desconocemos para qué fueron utilizadas realmente.

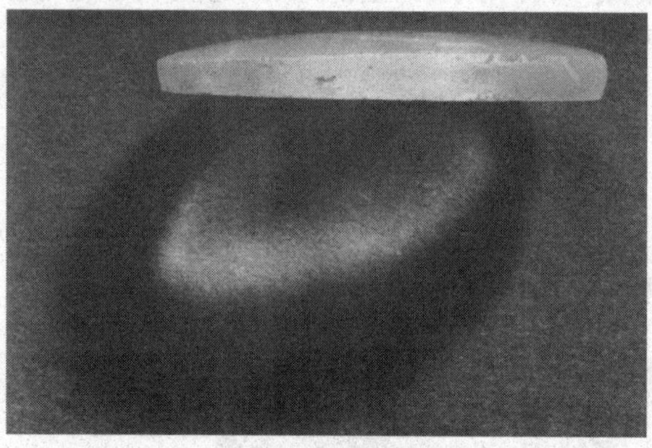

Perfil de la Lente de Layard *(Foto, R. Temple).*

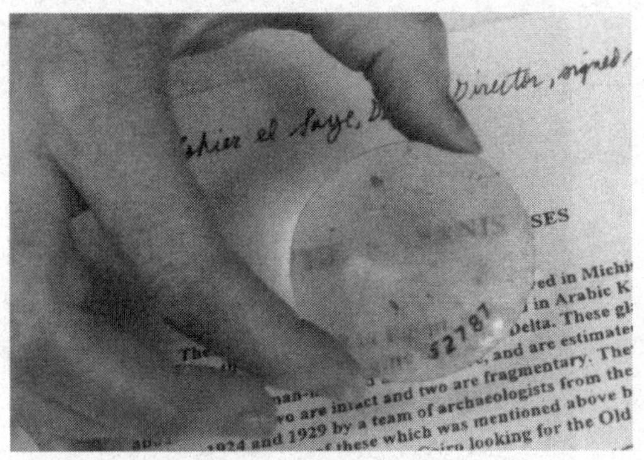

Experimentos de aumento con la lente 52787 *del* Museo de El Cairo (Foto, R. Temple).

Lente 52787 *del Museo de El Cairo.*

Bibliografía

TEMPLE, Robert: *El sol de cristal*, Ed. Oberon, Madrid, 2001.

PAWELS, L., y J. Bergier: *El retorno de los brujos*, Ed. Plaza & Janés, Madrid, 1960.

Y, efectivamente, la Biblia tenía razón...

El hallazgo en 1999 de una ciudad bajo las aguas del Mar Negro parecía reafirmar la existencia de un Diluvio Universal. Este descubrimiento levantó de nuevo la polémica sobre la veracidad o no de los acontecimientos relatados en el Antiguo Testamento. La posibilidad de una inundación enorme o quiénes fueron realmente la reina de Saba y Moisés son algunos de los enigmas que los hallazgos arqueológicos de los últimos años comienzan a responder.

Efectivamente, para muchos investigadores, *la Biblia tenía razón*. Esta frase, casi lapidaria, sirvió de título para un clásico de la arqueología bíblica escrito por el alemán Werner Keller, en el que se recogían todas las pruebas que había podido recuperar la historia hasta 1956 para demostrar la veracidad de los hechos relatados en el Antiguo y Nuevo Testamento.

Pasado el tiempo, las evidencias siguen apareciendo una tras otra si hacemos caso al último de los grandes hallazgos subacuáticos realizado a mediados de septiembre de 1999 en las oscuras profundidades del Mar Negro por un grupo de la prestigiosa *Sociedad National Geographic*. El descubrimiento realizado en la población de Sinop, al norte de la moderna Turquía, vino a confirmar que la zona ya estuvo habitada antes de que en la antigüedad, hace más de 7.000 años, toda la región fuera inundada, dando lugar a lo que hoy conocemos como el Mar Negro. No son pocos los investigadores que han visto en esta nueva proeza del *National Geographic*, una prueba más que viene a dar otro espaldarazo a la casi probada existencia en esta zona del globo de una extraña lluvia torrencial en algún momento del pasado y que ha venido a denominarse como Diluvio Universal.

«Nos encontramos ante el mayor descubrimiento arqueológico que puede escribir una nueva historia de las culturas que vivieron hace miles de años en este área clave entre Europa, Asia y el antiguo Oriente Medio». Con una afirmación tan tajante, realizada por Frederick Hiebert de la Universidad de Pennsylvania, a la sazón director de la parte arqueológica de la expedición de Sinop, quedaba suficientemente claro el valor para la historia bíblica de este lugar.

Empleando cámaras submarinas y complejos sensores de control remoto, el equipo de submarinistas liderado por Robert Ballard, famoso por ser el descubridor del Titanic en 1985, fue capaz de divisar en las profundidades de Sinop pequeñas estructuras geológicas como el valle de un antiguo río ahora inundado, así como diferentes vigas de madera y herramientas de piedra con diferentes perforaciones que demuestran, sin lugar a dudas, la presencia del hombre. Todo este conjunto apareció a noventa metros de profundidad, cerca de la costa de Sinop, dentro de una estructura rectangular que posiblemente fue hace miles de años un gran edificio.

Los expertos barajaron la posibilidad de que con el deshielo del año 5000 a. C. el Mar Mediterráneo elevara su nivel de aguas inundando lo que hasta entonces había sido un pequeño lago de agua dulce, creando así el Mar Negro. Este detalle ha sido corroborado por los propios científicos del *National Geographic*. Según Ballard, la aparición de dos tipos diferentes de conchas, unas de animales de agua salada y otras de agua dulce, siendo estas últimas de unos 7.000 años de antigüedad, refuerza la hipótesis de la existencia de una gran catástrofe que hizo cambiar de forma dramática el tipo de agua en aquel lugar.

¿Fue esta catástrofe el Diluvio bíblico? Es mucho lo que queda por hacer en Sinop. Ahora el equipo espera realizar un mapa preciso y un barrido fotográfico de la zona, así como recuperar los posibles restos humanos para llevar a cabo toda clase de estudios, encaminados principalmente al ADN. Un mundo de información fascinante que podría abrir nuevas vías de investigación sobre el Antiguo Testamento.

El hallazgo de Sinop añade otro dato que confirma la existencia de un misterioso cambio en el clima hacia el 5000 a. C. en toda la región de Oriente Medio. Entre 1922 y 1929 el británico Leornard Wooley descubrió las tumbas reales de Ur, la patria de Abraham, en el actual Irak: «Téraj tomó a su hijo Abraham, a su nieto Lot, el hijo de Harán y a su nuera Saray, la mujer de su hijo Abraham y salieron juntos de Ur de los caldeos, para dirigirse a Canaán» (Génesis 11, 31). Tras excavar a más de doce metros de profundidad, Wooley se topó con un estrato de dos metros y medio en el que solamente había arcilla. La única explicación lógica era que en algún momento de la antigüedad se diera una gigantesca inundación. Wooley creía que solamente con una inundación

Excavaciones de Leonard Wooley en las tumbas reales de Ur en la década de 1920.

con un nivel de agua superior a los ocho metros de altura durante un largo período de tiempo, se podría haber depositado allí tal cantidad de arcilla. En otras palabras, el arqueólogo se dio cuenta de que podía tener ante sí la primera prueba arqueológica de la existencia del Diluvio.

> Después dijo Yahvé a Noé: «Entra en el arca tú y toda tu casa (...). De todos los animales puros toma dos setenas, machos y hembras y de los impuros, una pareja, macho y hembra, (...) porque dentro de siete días voy a hacer llover sobre la tierra cuarenta días y cuarenta noches y exterminaré de la tierra cuanto hice. (Génesis 7, 1-4).

> Viendo Yahvé cuánto había crecido la maldad del hombre sobre la tierra y que su corazón no tramaba sino aviesos designios todo el día, se arrepintió de haber hecho al hombre en la tierra, doliéndose grandemente en su corazón y dijo: «voy a exterminar al hombre que creé de sobre la faz de la tierra; y con el hombre, a los ganados, reptiles y hasta las aves del cielo, pues me pesa haberlos hecho». Pero Noé halló gracia a los ojos de Yahvé (Génesis 6, 5-8).

Esta siniestra descripción del conocido Diluvio Universal que aparece en el capítulo sexto del *Génesis* y que se ha datado aproximadamente hacia el año 600 a. C., recoge para el mundo occidental una de las tradiciones más antiguas de la historia. Al igual que sucede con otras referencias históricas o legendarias de la Biblia como las Siete Plagas, el Éxodo, las bienaventuranzas, etcétera, el conocido Diluvio no es para nada un texto original del mundo judeocristiano. Al parecer, el texto del Antiguo Testamento se limita a copiar fielmente una antigua tradición mesopotámica protagonizada por los dioses que vinieron del cielo.

La primera referencia literaria conocida del Diluvio Universal pertenece a legendarias tradiciones de antiguas culturas mesopotámicas. Pero su descubrimiento no llegó hasta el último tercio del siglo pasado, exactamente en 1872. En esta fecha, las excavaciones realizadas por el equipo del inglés

Austen Henry Layard en la ciudad de Kuyunjik (cerca de Nínive), el mismo lugar en donde comenzó a excavar sin éxito su colega Paul Emile Botta treinta años antes, dieron con el descubrimiento del conocido palacio de Assurbanipal (s. VII a. C.). Con todo, el lugar más importante del palacio estaba en su magnífica biblioteca, archivo valiosísimo compuesto por miles de tablillas en donde se recogía abundante información sobre el misterioso origen de Mesopotamia, aún hoy desconocido por la ciencia moderna.

Entre los miles de tablillas descubiertas en este palacio se halló la primera copia del conocido *Poema de Gilgamesh*, fechado por algunos expertos en el Tercer milenio a. C.

A lo largo de doce tablillas, con más de tres mil líneas de texto en escritura cuneiforme, se describen las aventuras y peripecias de este héroe por todo el mundo en busca de la eternidad. En la tablilla número 10 u 11, según versiones, se relata el viaje realizado por Gilgamesh para visitar a un antiguo antepasado suyo, de nombre Utnapishtin, según la tradición acadia. Este, le describe a Gilgamesh una antigua catástrofe que azotó la tierra en forma de diluvio y que asoló de tal manera a Mesopotamia, que, con el paso de los años, la tragedia no pudo ser olvidada por el pueblo. Utnapishtin, que no es otro que el Noé de nuestro *Génesis* según la mayoría de los investigadores, recibe, al igual que este, una serie de señales de la divinidad para que construya para sí y los suyos un gran barco en donde permanecer el tiempo necesario hasta que la inundación hubiera llegado a su fin.

Si retrasamos aún más el texto, las versiones más antiguas conservadas de esta epopeya, escritas en época sumeria, hacen referencia a que un tal Ziusudra —el Utnapishtin acadio o el Noé de la Biblia—, construyó un gigantesco barco siguiendo las instrucciones que le mandaba una divinidad de nombre Ea. La precisión en los datos ofrecidos sobre las medidas y estructura interior del barco son tan exactos que, algunos sumeriólogos como Paul Haupt han podido reconstruir la estructura de la nave. Según estos sorprendentes diseños, la misteriosa nave de Ziusudra sería lo más parecido a algo mitad submarino, mitad barco. De igual manera, para que no hubiera problemas en su complicado manejo, el dios Ea tuvo el detalle de proporcionar a Ziusudra un experto navegante para que condujera la misteriosa nave durante el diluvio. ¿De qué naturaleza estaba hecho este misterioso barco para que fuera tan complicado de manejar? ¿O es que nos encontramos ante un prototipo de nave hoy desconocida?

La similitud entre los relatos de la Biblia y Mesopotamia llega a tal extremo que Utnapishtin, al igual que hizo Noé en su arca, envía al final del diluvio una paloma, una golondrina y un cuervo y solamente cuando comprueba que este último no regresa, decide abandonar la extraña nave con toda su familia (Génesis 6, 6-11). Sin embargo, al contrario de lo que ocurre en la Biblia, el motivo del Diluvio Universal no es la eliminación de todo ser vivo de la faz de la tierra, sino la destrucción de la ciudad de Schuruppak, cerca de la antigua Babilonia. Por otra parte, Noé tampoco buscaba la inmortalidad como Gilgamesh, sino que únicamente había sido elegido por Yahvé para mantener pura la línea de descendencia humana.

Hoy nadie parece poner en duda que el origen del mito bíblico de la creación del universo, del Diluvio Universal y tantos otros ejemplos está basado en extractos hebreos de la tradición sumeria, o al menos de una tradición oriental. De igual manera, en la actualidad nadie duda de que en el fondo de esta leyenda milenaria subyace el relato de unos hechos verídicos, que debieron de ocurrir, al parecer, solamente en Mesopotamia en un momento desconocido y no en el total de la tierra tal y como afirman los textos.

A ciencia cierta es fácil sospechar que el relato bíblico está considerablemente exagerado, ya que no es posible admitir una lluvia del tal calibre durante cuarenta días y sus noches con unos niveles de agua que sobrepasaron en quince codos las cimas de las montañas más altas. De haber ocurrido así, su resultado hubiera sido tan catastrófico que de alguna manera tendríamos constancia arqueológica directa de tal fenómeno. Sin embargo, conservamos pruebas materiales que demuestran la existencia de una manifestación climática atípica, similar a la descrita por Gilgamesh y Noé, aunque no tan exagerada.

Resulta conmovedora la seguridad que los sumerios trasmitían en sus antiguos textos sobre la realidad del diluvio. En sus listas de reyes hay una clara división entre los gobernantes que reinaron antes y después del Diluvio Universal, a partir del cual descendieron los reyes del cielo.

La tradición bíblica parece dejar muy claro el lugar en donde Noé colocó el arca: «El día veintisiete del séptimo mes se asentó el arca sobre los montes de Ararat» (Génesis 8-4).

Han sido dos los enclaves geográficos que se han considerado más factibles para identificar el famoso Arca de Noé. El primero de ellos es el célebre monte denominado así, Ararat, cerca de la frontera de Armenia con el este de Irak. En segundo lugar estaría la posibilidad de que los textos se refirieran a la zona situada en la desembocadura de los ríos Tigris y Eúfrates, al sur de Mesopotamia, y que es denominada desde antiguo con el mismo nombre que el monte armenio: Ararat.

A comienzos de los años sesenta un vuelo de reconocimiento de un avión del ejército turco divisó en el monte Tenduruk, a unos treinta kilómetros del mencionado Ararat, una extraña silueta que tenía la típica forma de un gran casco de barco. Enterado del asombroso descubrimiento, el periodista turco Ara Guler, investigador acérrimo de todo lo relacionado con el Diluvio Universal, contrató los servicios de una avioneta particular con el fin de poder llegar al lugar señalado por el ejército. Una vez allí, Guler organizó una pequeña expedición y se desplazó hasta el lugar exacto del hallazgo. Sobre el terreno realizó una serie de comprobaciones metrológicas, llegando a la conclusión de que las medidas del casco del «barco» allí enterrado y las ofrecidas por el Génesis bíblico coincidían codo a codo: «Hazte un arca de maderas resinosas, divídela en compartimentos y la calafateas con pez por dentro y por fuera. Hazla así: trescientos codos de largo, cincuenta de ancho y treinta de alto; harás en ella un tragaluz y a un codo sobre este acabarás el arca por arriba; la puerta la haces a un costado; harás en ella un primero, un segundo y un tercer piso» (Génesis 6, 13-16).

Sin embargo, para decepción de muchos investigadores, es poco probable que los restos descubiertos por Guler en la montaña armenia se correspondan realmente con los del famoso Arca de Noé. La razón esgrimida por expertos contrarios a este singular descubrimiento hace referencia a que el nombre «Ararat» es una denominación moderna de la montaña, por lo que es imposible que en la época del diluvio este lugar se llamara de la misma manera.

La otra hipótesis de trabajo, la que relaciona el Ararat con el terreno de la desembocadura de los ríos Tigris y Eúfrates, parece tener más visos de ser cierta, toda vez que se ha comprobado que el origen de este topónimo es incluso y valga la licencia literaria «anterior al Diluvio». Para más concreción, en este Ararat fueron descubiertos tres fragmentos de madera que, según algunos investigadores, podrían estar relacionados con el famoso arca, aunque lógicamente no deja de ser una mera especulación.

A la postre, el descubrimiento del arca de Noé o la constatación de que el Diluvio Universal existió, es una prueba más a favor de todos aquellos investigadores que defienden que todo lo relatado en los Textos Sagrados es la verdad y nada más que la verdad. Sin embargo, el análisis histórico de estos sucesos debe estar más allá de cualquier interpretación religiosa.

Si bien parece bastante difícil comprobar que en algún momento de la antigüedad se produjo un enorme diluvio que cubrió con sus aguas toda la tierra ya que este hecho solamente se ha confirmado en Mesopotamia, no deja de resultar curiosa la expansión de esta enigmática leyenda por el resto del mundo habitado.

En la propia Asia existen trece leyendas locales sobre la existencia en tiempos inmemoriales de un colosal diluvio que arrasó la totalidad de la tierra. En Europa son cuatro las tradiciones constatadas, en África cinco y en Oceanía casi diez. Sin embargo, quien sobresale en toda esta dinámica es claramente el continente americano —norte y sur—, con un total de treinta y siete leyendas referentes al diluvio.

Entre todas estas tradiciones americanas, destaca por su importancia la maya, en la que la duración del diluvio osciló entre cinco días y cincuenta y dos años, según los datos que cotejemos. Las causas que lo produjeron, aparte de la consabida lluvia incesante, fueron principalmente grandes tormentas de nieve, glaciares que se derretían por el calor, tempestades de viento y agua, terremotos, ciclones, mareas, etc.

¿Tienen razón los difusionistas —aquellos que creen que las tradiciones nacen en un único lugar y luego sus habitantes las expanden por el mundo—, al afirmar que el origen de esta antigua epopeya está en Tiahunaco, de donde los descendientes de Gilgamesh la exportaron hasta su tierra natal? ¿O simplemente, que existan tradiciones tan similares, es una prueba más en favor del conocido substrato comodín que utilizan los antropólogos para demostrar que todos somos iguales y que, en algún momento de la evolución, nuestro cerebro maquina las mismas historias y los mismos inventos?

Cuentan las tradiciones árabes más antiguas, que el verdadero fin para el que se construyó la Gran Pirámide de Keops fue, nada más y nada menos, que el de salvaguardar todos los conocimientos de la milenaria cultura egipcia en la previsión de la venida de un gran Diluvio Universal.

Maqrizi, un cronista que nació en El Cairo en torno a 1360 y murió en 1442 d. C., en el capítulo XL de su *Libro de la Advertencia* comenta varios pasajes escritos por historiadores anteriores a él sobre el significado de las pirámides. Mencionando a Ibrahim Uacif, Maqrizi relata el sueño de un faraón llamado Surid ben Sahluq (¿Keops?) que fue interpretado por los sacerdotes egipcios como el terrible presagio del advenimiento de un gran diluvio:

> Entonces, el rey ordenó que se construyeran las pirámides y practicaran en ellas corredores por donde penetraría el Nilo, hasta un punto determinado y después saldría hacia otras regiones del oeste y del Said. Hizo llenar las pirámides de talismanes, de maravillas, de riquezas e ídolos; hizo depositar los cuerpos de los reyes y, siguiendo sus órdenes, los sacerdotes trazaron sobre estos monumentos todas las máximas de los sabios; se escribió sobre todos los lugares posibles de las pirámides, techos, bases, murallas, todas las ciencias conocidas por los egipcios y se dibujaron las figuras de las estrellas, se escribieron los nombres de las drogas y sus propiedades útiles y nocivas, la ciencia de los talismanes, de las matemáticas, de la arquitectura; en una palabra, todas las ciencias. Y todo ello aparece expuesto muy claramente para los que conocen su escritura y comprenden su lengua.

No obstante, la Biblia plantea innumerables problemas históricos más. Un caso muy conocido es el de Moisés. Como ya ha apuntado más de un historiador, desde el punto de vista de las pruebas arqueológicas con que cuenta la historia para poder reconstruir el Antiguo Testamento, no existe una sola prueba convincente que demuestre la existencia de Moisés como guía y líder del pueblo judío durante su salida de Egipto. Además, los propios documentos egipcios no mencionan en ninguna de sus numerosas fuentes tal circunstancia. La primera mención conocida de la tribu de Israel aparece en la llamada precisamente *Estela de Israel*, un documento que pertenece al reinado del faraón Merneptah (1275 a. C.), hijo y sucesor de Ramsés II. Por otra parte, otros egiptólogos no están muy seguros de que la referencia a esta tribu pueda ser identificada con Israel.

La tradición señala que Moisés cruzó el Mar Rojo por Hamamat Faraún, un lugar de perfil pedregoso conocido en la actualidad por su playa y sus fuentes sulfurosas. la leyenda señala además que todavía vagan por la montaña los espíritus de los soldados egipcios y del faraón que fallecieron al cerrarse las aguas del mar: «Dios secó a su paso el Mar Rojo y los condujo por el camino del Sinaí y Cadés Barnea» (Judit 5, 13-14).

El lugar que más ha calado en la tradición popular es precisamente el llamado Gebel Musa, montaña de Moisés que se encuentra en pleno corazón de la península del Sinaí. Sus 2.285 metros de altura envuelven al peregrino que hasta allí se acerca con un halo de misterio y magia, posiblemente similar a la que envolvió al propio Moisés cuando según el Antiguo Testamento protagonizó la entrega de las tablas de la ley: «Dijo Yahvé a Moisés: "Sube hasta mí, al monte; quédate allí y te daré las tablas de piedra —la ley y los mandamientos— que tengo escritos para su instrucción"» (Éxodo 24, 12). A los pies del monte se encuentra el monasterio de

Moisés desciende con las Tablas de la Ley de Dios.

Santa Catalina en donde, según la misma tradición, se conserva la zarza incandescente que el propio Moisés interpretó como una señal divina.

Sin embargo este «Monte Sinaí» es uno más entre los otros doce «Montes Sinaí» que alguna vez han sido señalados por los investigadores como el auténtico lugar al que ascendió Moisés. El único denominador común que tienen todos ellos es que se encuentran precisamente dentro de la península del Sinaí, pero nada más. Sin embargo, fue solo en uno de ellos en donde Moisés decidió construir la más fastuosa de las reliquias del pasado.

La llamada Estela de Israel, en la que según algunos investigadores se puede leer (abajo) la primera mención al pueblo judío.

«Harás un arca de madera de acacia... La revestirás de oro puro... Fundirás para ella cuatro anillas de oro, que pondrás en sus cuatro pies... Harás también varales de madera de acacia, que revestirás de oro y los pasarás por las anillas de los costados del arca, para transportarla. Los varales deben quedar en las anillas del arca y no se sacarán de allí. En el arca pondrás el Testimonio que yo te voy a dar» (Éxodo 25, 10-16). Este arca, que según el Antiguo Testamento sirvió para salvaguardar las tablas de la ley, es todavía, junto al Santo Grial, uno de los objetos más buscados de la historia de la humanidad. Su pista se perdió cuando el rey Nabucodonosor destruyó el templo del rey Salomón en el año 566 a. C. Desde entonces nada se ha sabido de esta extraña caja.

El Arca de la Alianza se ha llegado a situar bajo el Monte del Calvario, en un túnel cerca del Muro de las Lamentaciones, en el Monte Nebo en Jordania, e incluso se ha detectado por un satélite de la NASA en la ciudad bíblica de Gilgal. El último gran intento fue realizado por el arqueólogo estadounidense Vendyl Jones, que lleva más de una década excavando en el Valle del Jordán, no lejos del Qumram en donde en 1947 aparecieron los famosos textos religiosos. En 1998 Jones afirmó estar muy cerca de su descubrimiento pero todavía no ha dado los frutos esperados.

Ahora bien, la tradición más atractiva es la arraigada en Etiopía. Según esta leyenda Salomón tuvo con la reina de Saba, supuestamente etíope, un hijo llamado Menelik. Al cumplir los veinte años el joven príncipe viajó hasta Jerusalén para conocer la corte de su padre, que por entonces se encontraba desolada. Observando la situación, Menelik decidió volver a Etiopía llevándose consigo el Arca de la Alianza, de donde no ha vuelto a salir jamás. Indagando en los vericuetos más insólitos de esta tradición, el escritor Graham Hancock descubrió una trama en la que supuestamente habrían participado los mismísimos templarios. Sin embargo, no está demostrado en absoluto que la reina de Saba fuera originaria del país etíope.

«La reina de Saba había oído la fama de Salomón... y vino a probarle por medio de enigmas. Llegó a Jerusalén con gran número de camellos que traían aromas, gran cantidad de oro y piedras preciosas; llegada que fue donde Salomón, le dijo todo cuanto tenía en su corazón» (I Reyes 1-2). Siguiendo los pasos de una expedición realizada en 1928, el americano Wendell Phillips descubrió en 1951 el famoso templo del dios Luna, cerca de la ciudad de Marib, en el Yemen, lugar que muchos expertos han identificado con el reino de Saba. Fue precisamente esta reina la que fomentó el comercio en toda la zona gracias a sus contactos con el rey Salomón, hecho que sucedió hacia el año 950 a. C.

Sin embargo, la ubicación de este reino no es en absoluto algo seguro. En mayo de 1999 los medios de comunicación lanzaban la noticia de que un grupo de investigadores británicos acababa de descubrir al sur de Nigeria, a pocos kilómetros de su capital, Lagos, una gran fortaleza que podía estar relacionada con la famosa reino de Saba. E incluso identificaban su hallazgo con el más que posible descubrimiento de la tumba de esta reina, lugar al que acuden anualmente cientos de miles de peregrinos. Las propias tradiciones locales hablan del palacio de una antiquísima reina con muchos detalles afines a la mítica mujer de Saba, constatados además por antiguos documentos portugueses del siglo XVI. Sus muros son tan gruesos que poseen 3,5 millones de bloques; un millón más que los que se emplearon para la construcción de la Gran Pirámide de Gizeh.

Como ya hemos visto otros investigadores afirman que en realidad Saba se escondía en algún lugar recóndito de la antigua Etiopía. En cualquier caso y se encuentre donde se encuentre, la ubicación del reino de esta misteriosa y poderosa mujer no deja de ser extraño. Una de las razones son los insólitos viajes que en pocas horas realizaba su amado Salomón desde Jerusalén hasta Saba. Si realmente este reino se encontraba en el Yemen, Etiopía o Nigeria, es totalmente imposible que el rey sabio pudiera cubrir distancias de varios miles de kilómetros en pocas horas. El investigador Erich von Däniken propuso la existencia de un medio de locomoción extraterrestre para que Salomón pudiera cubrir en poco tiempo el camino que le separaba de su amada. Sin embargo, para otros investigadores como Amal Sulaiman Salibi, de la Universidad Americana de Beirut, a quien dedicamos un capítulo entero en el volumen anterior, la respuesta puede ser más «sencilla». Basándose en la toponimia de los lugares Salibi afirmó en un libro publicado en los años 80 que en realidad la Palestina bíblica, incluida Jerusalén, no se encontraba en la moderna Israel, sino en la región de Asir, en la Península Arábiga. De esta forma Salomón sí podría haber realizado esos viajes de forma tan rápida.

La Biblia también cuenta que los descendientes de Noé construyeron una especie de rascacielos en Babilonia para poder acercarse al cielo: la torre de Babel. Tal arrogancia por parte del ser humano hizo enfadar tanto a Dios que «embrolló el lenguaje de todo el mundo y desde allí los desperdigó Yahvé por toda la haz de la tierra» (Génesis 11, 9). Desde que la arqueología decimonónica sacara a la luz las primeras investigaciones en la legendaria ciudad de Babilonia, todo parecía indicar que la famosa torre de Babel fue en realidad un zigurat: las antiguas torres escalonadas de los sumeriobabilonios.

Sin embargo, las investigaciones realizadas por un grupo de arqueólogos austriacos en Borsippa, a 120 kilómetros al sur de Bagdad, ha venido a demostrar el error. Allí se descubrió una torre similar a la de Babel, si no idéntica. El arqueólogo Wilfred Alliger-Csollich afirma que la clave se encuentra en una inscripción descubierta sobre uno de sus muros exteriores. Allí se dice que esta torre fue construida por el rey Nabucodonosor hace más de 2.500 años y, lo más interesante, que es similar a una que existía en la ciudad de Babel, construida, literalmente, «para alcanzar el cielo». Al igual que sucede con las famosas puertas de Babilonia, la torre pudo haber estado cubierta en su parte más alta con ladrillos de loza azul sobre los que se habían representado animales imaginarios como dragones. Además, la torre debió de contar en la antigüedad con al menos tres grandes escaleras que daban a su vez a otros tres grandes niveles. Por desgracia, la situación actual del país no ofrece todas las posibilidades que desearía cualquier arqueólogo para poder trabajar en el desierto iraquí.

En otros casos han sido las pruebas filológicas las que han ayudado a los investigadores a encontrar los paralelismos necesarios para poder afirmar con rotundidad que la Biblia tenía razón. A pesar de todo es mucho lo que queda por hacer. La interpretación del material arqueológico como el descubierto al sur de la costa de Mar Negro, en Sinop, sin lugar a dudas va a reabrir,una vez más un eterno debate que va más allá de las simples creencias religiosas.

Reconstrucción artística de la Torre de Babel.

El Monte Ararat en Turquía con los supuestos restos de la célebre Arca.

Panorámica desde la cumbre del Monte de Moisés en el Sinaí.

A pesar de todo lo dicho hasta ahora y sin negar en absoluto la credibilidad de otras investigaciones que prueban efectivamente que la Biblia tenía razón, existen otros hechos relatados en el Antiguo Testamento que, al parecer, no han podido ser comprobados por la arqueología. Tal y como demuestran algunos profesores de la Universidad de Tel Aviv como Ze'ev Herzog, las excavaciones realizadas en la antigua ciudad de Jericó, en ninguno de sus 23 niveles de ocupación, puede observarse que sus muros se desplomaran: «Prendieron fuego a la ciudad con todo lo que contenía. Solo la plata, el oro y los objetos de bronce y de hierro los depositaron en el tesoro de la casa de Yahvé» (Josué 6, 24).

Restos de Zigurat de Ur.

Lo mismo sucede con la ocupación del pueblo judío. Desde luego que hay pruebas que demuestran su presencia desde al menos hace 3.000 años. Sin embargo, Herzog cree que la llegada fue una simple migración, no una conquista tal y como relata la Biblia. Para Herzog estos hechos no sucedieron en un nivel nacional sino que posiblemente no fueran más que tradiciones locales de unas pocas familias que posteriormente se nacionalizaron intentando insuflar una especie de espíritu patrio. Por ello no pueden ser entendidos como hechos históricos.

Ze'ev Herzog no es el único. El prestigioso egiptólogo Claude Vandersleyen, de la Universidad Católica de Lovaina (Bélgica) no tiene reparos en reconocer que no hay una sola prueba histórica que demuestre la existencia de Moisés, ni por supuesto del famoso Éxodo.

Una de las alternativas más sugerentes presentada hasta la fecha es la investigación que durante varias años ha realizado el abogado y escritor egipcio afincado en Londres Ahmed Osman. En sus libros *Extranjero en el Valle de los Reyes*, (Planeta 1988), *Moisés faraón de Egipto* (Planeta 1991) y *La Casa del Mesías* (Planeta 1993), Osman indaga en la historia sagrada y compara de una forma muy singular su desarrollo con algunas titulaturas y documentos de la época egipcia. De esta manera, llega a conclusiones cuando menos extrañas al afirmar que Yuya, suegro de Amenofis III, era en realidad el José Bíblico que interpretó los sueños al faraón. El propio Amenofis III no sería otro que el rey David. Tutmosis III, el famoso faraón guerrero fue, siempre según Osman, el rey David; su tataranieto Amenofis IV, el herético Akhenatón fue Moisés y así sucesivamente hasta caer en un delirio histórico al defender que Tutankhamón fue Jesús de Nazaret, su esposa Ankhesamón, María Magdalena y Nefertiti la Virgen María.

Su visión particular de la historia del Antiguo Testamento ha sorprendido a propios y extraños y en muchos casos ha dejado indiferente a muchos expertos. Es el caso del prestigioso historiador español José Antonio Piñero, catedrático de Filología Hebraica en la Universidad Complutense de Madrid, quien realmente cree «que hay un montón de cosas interesantes que estudiar en el Antiguo y el Nuevo Testamento como para ponerse a divagar sobre la posibilidad de que Osman tenga o no razón».

Bibliografía

BERLITZ, Charles: *En busca del Arca perdida de Noé*, Ed. Plaza & Janés, Barcelona, 1987.

KELLER, Werner: *Y la Biblia tenía razón*, Ed. Destino, Barcelona, 1956.

LARA PEINADO, Federico: *Leyendas de la antigua Mesopotamia*, Ed. Temas de Hoy, Madrid, 2002.

Capítulo 20

Las maldición de los franciscanos

El teatro Zorrilla de Valladolid está construido sobre el antiguo cementerio de ajusticiados del convento de San Francisco. Los frailes, al tener que marcharse de su lugar de retiro obligados por la Desamortización, lanzaron una inquietante maldición: «el día en que se llene el teatro, este arderá en una desastrosa tragedia que nadie podrá remediar». Por entonces, en el primer tercio del siglo XIX, Valladolid se estaba convirtiendo en una de las ciudades más importantes de España. La prosperidad de la capital se palpaba día a día en el aumento de familias enriquecidas y en la proliferación de los espacios urbanos dedicados a satisfacer los nuevos gustos de estas clases sociales aburguesadas. En poco más de veinte años, Valladolid acogió en pleno centro de la ciudad, tres grandes teatros, que todavía hoy son una de las joyas de la localidad. En 1861 se inauguró el teatro de Lope de Vega y en 1864 el de Calderón de la Barca; ambos son sede en la actualidad de la prestigiosa Semana Internacional de Cine de Valladolid (Seminci). El 31 de octubre de 1884, en la céntrica Plaza Mayor de la capital vallisoletana, se inauguró el teatro de Zorrilla, seguramente el menos espectacular de los tres pero con una fascinante historia que lo convierte en el teatro maldito de la ciudad.

El antiguo convento de san Francisco de Valladolid se encontraba a lo largo de una prolongada extensión de terreno, dando su portería a lo que hoy es la Plaza Mayor, la antigua Plaza del Mercado. Construido a mediados del siglo XIII, en la actualidad no queda absolutamente nada de este inmueble. Ya desde el siglo XIV los propios franciscanos fueron vendiendo parte de los terrenos sobrantes que formaban su gigantesco convento y a comienzos del siglo XIX permanecían en el claustro apenas ochenta religiosos.

El moderno convento de san Francisco, sito en el Paseo de Zorrilla de Valladolid, a la altura del número 25-27, muy lejos de su ubicación original, no es más que una construcción nueva que nada tiene que ver con el glorioso pasado de su precursor. En su interior se conservan los restos del archivo del antiguo convento de san Francisco y algunos cuadros que decoraban las paredes de la iglesia hoy también desaparecida. Otras obras de arte de este inmueble fueron a parar al Museo de Escultura de Valladolid, como el magnífico *Entierro de Cristo*, obra en madera policromada del insigne escultor de origen francés Juan de Juni, y que hiciera entre 1541 y 1544 para la capilla del Obispo de Mondoñedo, fray Antonio de Guevara. Pero poco era el tiempo que le quedaba de vida a la comunidad franciscana, los avatares políticos de su

Plaza Mayor de Valladolid.

época provocarían que esta hermandad desapareciera prácticamente de la noche a la mañana.

Ya desde tiempos de Carlos III se había intentado llevar a cabo una reforma agraria decisiva, con el fin reestructurar las tierras de cultivo en España. Sin embargo, nunca se había dado una solución drástica al problema principal de la agricultura española, que era el desaprovechamiento de las llamadas tierras de «manos muertas». Estas eran las grandes propiedades que poseían principalmente la Iglesia, los nobles y los municipios y que resultaban ser tierras abandonadas que no producían. El paso decisivo lo dio entre los años 1835 y 1836 el Primer Ministro progresista Juan Álvarez Mendizábal. En un principio suprimió todas las órdenes religiosas que no se dedicaran a la beneficencia, declarando todos sus bienes propiedad del Estado para sacarlos, por último, a pública subasta.

Tal y como disponía la ley de Mendizábal, los franciscanos de Valladolid tuvieron que abandonar a toda prisa los terrenos que los frailes habían habitado durante seis siglos. El convento sería demolido y los casi 30.000 metros cuadrados que quedaban de huertas y construcciones ocupados por

Entrada al antiguo teatro Zorrilla de Valladolid, ahora en reformas.

los religiosos serían puestos a la venta para ser reutilizados o crear nuevas calles en la creciente capital vallisoletana.

El 1 de febrero de 1837 se empieza a demoler el antiguo convento de los franciscanos, tarea que se prolongaría durante más de un año según cuentan las crónicas de la época. Únicamente pudieron pujar en la subasta los grandes hacendados de la época, entre ellos don Blas López Morales quien compró la propiedad por poco más de un millón de reales para cedérselo luego a don Pedro de Ochotorena. Finalmente, los terrenos pasaron al señor Fernández Maquieira, vallisoletano acaudalado que los revendió para poder construir el teatro

Fachada original del convento franciscano que daba a lo que hoy es la Plaza Mayor.

Zorrilla. Esta circunstancia irritó sobremanera a la comunidad franciscana de Valladolid: resultaba inadmisible que unos terrenos que durante generaciones habían sido empleados para el austero alimento de esta orden mendicante se utilizaran ahora para construir un edificio destinado al libertinaje y a la tentación. Por ello, los frailes, al poco de abandonar el convento, lanzaron una trágica maldición jurando que el día que ese teatro se llenara, ardería con todos los espectadores en su interior. Desde ese año, para evitar tan monumental fatalidad, los gerentes del teatro han dejado sin vender siempre dos butacas de su aforo total. Un sabio remedio para curarse en salud ante hipotéticas desgracias.

El 31 de octubre de 1884 José Zorrilla, poeta vallisoletano conocido universalmente por su *Don Juan Tenorio*, inauguraba él mismo su propio teatro en la ciudad que le vio nacer. Para este inolvidable momento, Zorrilla había escrito *ex profeso* una obra de teatro titulada *Traidor, inconfeso y mártir*, curiosamente, a la postre, una de las más prestigiosas de este autor romántico.

Para la construcción del teatro se había creado una sociedad tras adquirir los terrenos al señor Fernández Maquieira. El encargado de la construcción fue el propio arquitecto municipal, don Joaquín Ruiz Sierra, quien diseñó un edificio acorde con el emplazamiento: una construcción de reducidas dimensiones, que no tiene fachada hacia la Plaza Mayor para no romper la armonía del lugar. Sin embargo, posee una extraña fachada hacia la actual calle de la Constitución, con el nombre del teatro en ladrillo recortado, en la parte superior.

De forma casual conocí la maldición del teatro Zorrilla, por una variante en la que los protagonistas no eran los religiosos franciscanos —detalle que luego descubrí a lo largo de mi investigación—, sino unas monjas, versión, por otro lado, mucho más romántica.

Ha pasado con creces más de un siglo desde que el ilustre poeta José Zorrilla inaugurara el teatro que lleva su nombre,... y todavía sigue en pie. Quizás este hecho no sea casual; y es que desde su apertura al público en 1884 nunca se han dado las circunstancias exactas para que ocurriera la desgracia advertida por los frailes franciscanos.

El moderno convento de San Francisco de Valladolid no es ni la sombra del pasado glorioso que una vez llegó a tener. Un edificio austero de ladrillo, construido hace apenas cincuenta años, alberga a la pequeña comunidad de franciscanos que todavía reside en esta ciudad. Hasta allí me dirigí con el fin de conocer si los actuales frailes tenían noticia alguna de la maldición lanzada por sus predecesores. Con el pretexto de documentarme sobre la historia del antiguo convento y en especial de la época que rodeaba a la desamortización de Mendizábal fui recibido en una pequeña salita por el padre Julián.

Como suponía, no tenía la menor idea de la mencionada maldición, hecho que incluso le hizo gracia al parecerle una anécdota interesante que no debía faltar en la historia del convento. No obstante, me informó sobre algunos datos de interés, como que el abandono fue realizado de forma precipitada, perdiéndose muchas obras de arte, olvidando otras y extraviando varios libros del archivo. Todo lo que se pudo salvar se conserva hoy día en el propio convento o en el Museo Nacional de Escultura de la ciudad.

Poco más fue la información que pude obtener en la Casa Museo de Zorrilla. La encargada conocía la leyenda por transmisión oral y no era capaz de recordar alguna mención escrita de la misma. De nada me servía.

Solamente quedaba por visitar el propio teatro; un edificio realmente atípico, encajonado en la disposición arquitectónica de la Plaza Mayor sin destacar en absoluto entre el resto de casas que hay en la acera llamada de san Francisco. Allí podría obtener de algunos empleados de la empresa la verificación final de los detalles más escabrosos de la maldición.

La taquillera del teatro estaba entretenida realizando labores de corte y confección tras el pequeño ventanuco de cristal. Al verme, ejecutó el ademán automático de ir hacia el taco de las entradas para darme una. Pero un gesto mío con la mano la detuvo: «simplemente venía a buscar información sobre la maldición del teatro», le comenté. Mientras se la recordaba, la taquillera iba asintiendo a todo lo que le iba contando.

Esta mujer lleva casi 20 años trabajando en el teatro Zorrilla de Valladolid. Afirma orgullosa que han sido muchas las veces que se ha llenado el teatro y que nunca ha pasado nada, ni incendios, ni muertes, ni tragedias por el estilo. Tampoco tiene noticia de que haya ocurrido algún tipo de fenómenos paranormales en el edificio.

Sin embargo, cuando le concreté sobre el detalle de las dos butacas que siempre se dejan sin vender para que no se ejecutara la maldición de los franciscanos, la taquillera me advirtió de que, enmendando lo que antes había dicho, «nunca ningún teatro vende todas las entradas aunque coloque el cartel de *no hay billetes*». Aparte de las razones lógicas de seguridad, esto es debido a que «siempre hay asientos en los palcos o en el patio de butacas que nadie quiere porque están colocados en lugares donde no se ve nada y como nadie las quiere, pues no se venden». El teatro Zorrilla es un buen ejemplo de ello: a los lados del patio de butacas hay unas columnas, una de las cuales, quien esto suscribe, en cierta ocasión tuvo la mala fortuna de padecer. La taquillera

Parte trasera del teatro Zorrilla en Valladolid.

me reconoció que «si un día se vendieran todas, todas... no sabe lo que podría suceder.»

No obstante, fue más inquietante para la investigación el testimonio del acomodador del teatro, quien conocía la leyenda de la maldición, aunque siempre había oído la versión de las monjas, tal y como yo escuché por primera vez. También tenía noticias de que el edificio fue construido sobre el cementerio del antiguo convento, aunque no podía precisar detalles. Prueba de ello «son las dos lápidas que hay en la bodega del teatro», me comenta este hombre con una sonrisa de complicidad. No aguantando la emoción del momento, el propio acomodador decidió invitarme a la bodega con un «a que te las enseño», a condición de no realizar fotografías que le pudieran comprometer. Respetando sus deseos le acompañé hasta la habitación que hay detrás del pequeño bar del teatro. En el suelo de madera, una trampilla daba entrada a la bodega del edificio, a la que se accede descendiendo unos viejos escalones de piedra. Al fondo hay una estancia húmeda llena de cajas de bebidas y latas de refrescos. En el suelo, el acomodador me señala las dos «lápidas»: dos planchas de piedra alargadas y estrechas que no tenían inscripción alguna. Desde mi punto de vista, las dos losas no parecían ni de lejos ser lápidas, sino una suerte de basamento construido para reforzar la colocación de algún tipo de maquinaria, que en aquel momento ya no se empleaba.

Con todo, la curiosidad por confirmar las sospechas que emanaban sobre la posibilidad de que existiera realmente un cementerio bajo el teatro dio un nuevo giro a la investigación. Manejando la documentación del archivo del antiguo convento de los franciscanos y un plano del edificio, no solamente pude confirmar los comentarios que me hicieron en el teatro, sino que descubrí un dato mucho más escalofriante: el inmueble estaba levantado sobre el patio principal del convento, ante la iglesia del mismo, lugar en donde desde 1578 los piadosos frailes enterraban a los ajusticiados que eran ejecutados para escarnio público en los caminos.

Sobre el único plano conservado del convento, fechado en 1830 por la mano del arquitecto Francisco Benavides, se aprecia perfectamente la ubicación del primer patio, nada más cruzar la portería, lugar en donde durante más de doscientos años los franciscanos enterraron a estos desgraciados. ¿Era esta la causa real de la maldición de los franciscanos? ¿Por qué ocultaron los constructores del teatro el hallazgo de los cientos de cadáveres que debieron aparecer en el subsuelo al levantar los cimientos?

Con el fin de obtener el permiso necesario para realizar fotografías en el interior del teatro e ilustrar este artículo, visité al gerente del mismo, quien me recibió amablemente en su despacho. Poco más era lo que sabía acerca de la leyenda de la maldición de los franciscanos. Me comunicó que estaba terminantemente prohibido realizar fotografías en el interior del teatro y que tenía cierto recelo por mi interés en publicar algo sobre la maldición, debido a que pensaba que «podría dañar la imagen del teatro y provocar una desbandada del público».

Han pasado más de 160 años desde que los frailes franciscanos de Valladolid abandonaran a la fuerza el convento que habían habitado de generación en generación desde hacía seis siglos siguiendo las normas más estrictas de san Francisco de Asís (*Ordo Fratrum Minorum*, Frailes Menores Ordenantes). Sus hábitos pardos se vieron obligados a emigrar hacia unas tierras descono-

Escultura de San Francisco, Museo Nacional de Escultura, Valladolid.

cidas, dejando tras de sí una advertencia que hasta hoy nadie ha podido olvidar.

El ejemplo del teatro Zorrilla de Valladolid no es el único en el que podemos constatar que un grupo de religiosos expulsados de su convento lanza toda suerte de maldiciones e improperios contra los invasores que reutilizan sus tierras.

En el primer tercio del siglo XIX, prácticamente en las mismas fechas en las que ocurría la maldición de los franciscanos en Valladolid, sucedía algo idéntico en la pequeña isla de Lacroma en Dalmacia, frente a las costas de Ragusa. Allí, una comunidad de frailes residía en una iglesia, construidos en 1193 por Ricardo Corazón de León. Ante el atropello que supuso la expulsión de estos religiosos para reutilizar la isla, de poco más de un kilómetro de longitud, decidieron maldecir el lugar anunciando la muerte trágica de todo aquel que osara morar en esa tierra sagrada. Desoyendo esta inquietante advertencia el Emperador Fernando Maximiliano, residió finalmente en la isla, al igual que hicieron la Emperatriz Isabel de Austria y el Príncipe heredero al trono, el Archiduque Rodolfo. Los tres murieron de forma trágica: el primero fusilado en México, ella acuchillada y el tercero se suicidó junto a la Baronesa Vetsera.

La maldición de los frailes de Lacroma continuó cuando fueron a residir a la isla Luis II de Baviera, que murió ahogado y el Archiduque Francisco Fernando de Austria, que fue asesinado en Sarajevo el 28 de junio de 1914 desatando, para colmo, la Primera Guerra Mundial. Quizá, la maldición de los frailes de Lacroma, surgió efecto...

Bibliografía

ARES, Nacho: *Tutankhamón. El último hijo del sol*, Ed. Oberon, Madrid, 2002.

VANDENBERG, Phillip: *La maldición de los faraones*, Ed. Plaza & Janés, Barcelona, 1975.

Capítulo 21

Los dos Cristos de los Templarios

El súbito final de la orden de los Caballeros Templarios está sumido en la leyenda. Para explicar su debacle los expertos hablan de varias posibilidades. La existencia de extraños ritos heréticos amén de las envidias políticas suscitadas en la época no suponen nada frente al verdadero conocimiento de que hicieron gala los templarios; un conocimiento que la Iglesia de la época no supo ni quiso entender.

En el año 1095, a petición del papa Urbano II, comienzan las cruzadas. El principal objetivo de estas campañas militares era poder recuperar los Santos Lugares de Palestina, especialmente Jerusalén, territorios que desde hacía siglos estaban ocupados por los musulmanes. Con el paso de los años,el término cruzada también se relacionó con cualquier campaña militar que enfrentara a los cristianos de Occidente con algún pueblo pagano, contra los herejes cristianos o cualquier enemigo político del papado.

En este contexto histórico de comienzos del segundo milenio nace una orden medieval de carácter religioso y militar muy especial. Su denominación oficial será Orden de los Pobres Caballeros de Cristo. Sin embargo, pronto se hicieron muy populares con otra denominación, la de la Orden del Temple o Caballeros del Templo de Salomón y finalmente se les conoció como Caballeros Templarios. Estas denominaciones se debían a que su primer palacio en Jerusalén se encontraba adyacente a un edificio conocido en esa época como el Templo de Salomón.

La Orden de los Caballeros Templarios se fundó en la propia ciudad de Jerusalén en el año 1119. Su origen partió de la agrupación de un pequeño núcleo de soldados franceses entre los que destacaron en especial dos de ellos: Hugo de Payns y Godofredo de Saint Omer.

La regla, recibida en el concilio de Troyes del año 1128, convertía prácticamente a estos soldados en religiosos. Entre las normas más importantes estaban la obediencia, la castidad y la prohibición de tener propiedades, a excepción de que fueran en favor de la propia orden militar.

El objetivo parecía estar claro. A diferencia de las otras dos grandes órdenes religiosas del siglo XII: los Caballeros de San Juan de Jerusalén y los Caballeros Teutónicos, fundadas en esta misma época como instituciones de caridad, los Caballeros Templarios, por el contrario, tenían un marcado carácter militar. En una época en la que los Santos Lugares se encontraban atestados de salteadores de caminos y merodeadores de todo tipo, hacía falta la presencia de un grupo de hombres armados que defendieran a los peregrinos que se acercaban a Palestina después de la reconquista de Jerusalén tras la primera cruzada.

Antiguo sello con la representación de dos jinetes templarios.

En 1307, el arruinado rey de Francia Felipe IV el Hermoso les acusa de corrupción. Ayudado por el papa Clemente V ordena el arresto de quien por entonces era el gran maestre francés de la orden, Jacques de Molay, a quien se le acusó de sacrilegio y de llevar a cabo prácticas satánicas. Molay y los principales responsables de la Orden confesaron bajo tortura y todos ellos fueron posteriormente quemados en la hoguera.

En el proceso seguido contra los templarios salieron a la luz todo tipo de supercherías y prácticas de corte satánico, supuestamente realizadas por esta orden de caballería.

Louis Charpentier manifiesta en su clásico *El misterio de los templarios*, la sorpresa de cualquier investigador cuando lee las crónicas de los interrogatorios a los que fueron sometidos los caballeros templarios a comienzos del siglo XIV. ¿Cómo explicar que una orden religiosa de estas características renegara de la figura del Jesús crucificado? ¿Cómo pudieron desertar del símbolo más emblemático de la fe que ellos mismos habían proclamado por toda la Tierra? Parece algo inexplicable, pero como afirma Charpentier «dicho reniego es absolutamente cierto».

Reconstrucción de uno de los supuestos rituales templarios que, a la postre, conllevó su persecución por la Iglesia.

Imagen típica de dos caballeros templarios montando el mismo caballo.

Jacques de Molay, el último Gran Maestre de la orden templaria.

Para este misterioso investigador e iniciado francés, la respuesta puede resultar desestabilizadora. Sin embargo, no queda otra solución. Los caballeros templarios llegaron a Tierra Santa con una serie de ideas y objetivos muy claros. Según Charpentier, cuya tesis es defendida por otros investigadores modernos, los templarios no fueron a Jerusalén a proteger peregrinos. Para eso ya existían otras órdenes en la zona. Fueron hasta allí para traer a Europa el verdadero conocimiento del cristianismo: las Tablas de la Ley y el Grial. Y parece que lo consiguieron.

El reniego de la imagen de un Jesús crucificado puede estar relacionado con estos dos hallazgos. ¿Acaso sabían los templarios que la persona que murió en la cruz no era en realidad el verdadero Jesús del Nuevo Testamento? ¿Fue reemplazado o simplemente se trata de otro error histórico de los cientos que aparecen en las Sagradas Escrituras? ¿Llegaron a conocer los templarios que Jesús pudo salir de Palestina y viajar por el Mediterráneo hasta el sur de Francia, tal y como defienden numerosas sociedades secretas que se proclaman herederas de este verdadero Jesús? Esta sorprendente tradición ya la vimos en el volumen anterior de *La Historia Perdida*.

Según Charpentier, esta hipótesis de trabajo es lo que se puede extraer si uno lee entre líneas el verdadero mensaje del Nuevo Testamento. Allí se pueden encontrar referencias aparentemente contradictorias manifestadas por dos «Jesús», uno pacifista y de espíritu realmente cristiano y otro mucho más político, relacionado con el brazo armado que busca la liberación de la opresión por parte de Roma.

Es posible que en los evangelios existan dos textos mezclados que hagan referencia a dos personas totalmente diferentes. No olvidemos que el Jesús que todos conocemos en su época no era más que uno de los muchos profetas que se autoproclamaban como Mesías. Y quizás los templarios llegaron a conocer este terrible secreto para la cristiandad. Por ello renegaban *del que estaba sobre la cruz...*

La figura de Cristo fue el objetivo de los supuestos escarnios llevados a cabo por los templarios.

Bibliografía

ALARCÓN, Rafael: *A la sombra de los templarios*, Ed. Martínez Roca, Barcelona, 1986.

BARBER, Malcolm: *Templarios, la nueva caballería*, Ed. Martínez Roca, Barcelona, 2002.

CHARPENTIER, Louis: *El misterio de los templarios*, Ed. Plaza & Janés, Barcelona, 1970.

GARCÍA ATIENZA, Juan: *El misterio de los templarios*, Ed. EDAF, Madrid, 2001.

Capítulo 22

Criptografía: textos en clave para iniciados

La existencia de mensajes cifrados no es en absoluto nada nuevo. Su historia es tan absorbente como fascinante. Desde hace siglos se han venido empleando los métodos más insólitos con el único fin de lograr que los mensajes llegaran a su destinatario sin que nadie más pudiera percatarse de su contenido. Toda una labor que necesitó del mayor de los ingenios.

La criptografía es la ciencia que trata del enmascaramiento de la comunicación. Por este proceso se pretende que un mensaje, por ejemplo una carta, solamente sea inteligible para la persona que posee la clave o conozca el método exacto para resolver el significado oculto que presenta, cuyo aspecto es aparentemente incoherente. El proceso de averiguación se denomina criptoanálisis.

Aunque a simple vista pueda parecer un invento moderno empleado por los militares en las grandes guerras del siglo XX, la historia de la criptografía hunde sus raíces en el propio alba de la civilización humana.

Heródoto, historiador griego que desarrolló su trabajo en el siglo V a. C., es uno de los primeros autores clásicos en hablar de los textos cifrados. En su *Historia*, obra que para muchos críticos literarios es en realidad una historia de las luchas entre griegos y persas, Heródoto da la clave de la victoria griega al empleo de textos cifrados.

Según cuenta el investigador Simon Signh Grecia fue salvada de ser ocupada por Jerjes gracias al uso de los mensajes cifrados. La clave de toda la operación estuvo en la famosa Batalla de Salamina librada por los griegos en la Guerras Médicas el 29 de septiembre del año 480 a. C. y que detuvo el avance del rey persa Jerjes I. La batalla tuvo lugar en la isla de Salamina, en el golfo de Egina. Si bien Jerjes pensaba que tenía acorralados a los griegos en la bahía de Salamina, nada más lejos de la realidad, la verdadera pretensión de los griegos era precisamente acercar hacia la bahía a los persas para provocar la inmovilidad de los barcos enemigos y forzar la lucha cuerpo a cuerpo.

Heródoto relata que las órdenes de los altos mandos griegos se hicieron de forma cifrada, algo que los helenos denominaban esteganografía, expresión que deriva de las palabras *steganos* que significa «encubierto» y *graphein* que es «escritura».

Heródoto también relata otro caso en el que la ocultación del texto fue clave para que el mensaje llegara seguro a su destinatario. En cierta ocasión, el militar Histaiaeo, para alentar a la lucha a su colega Aristágoras de Mileto, afeitó la cabeza de un soldado, escribió en ella el mensaje y esperó a que cre-

Retrato en mármol
del historiador
griego Heródoto.

ciera de nuevo el pelo para mandar el mensaje sin que nadie pudiera percibir su presencia.

Por su parte, los espartanos emplearon uno de los sistemas más curiosos para comunicarse de forma cifrada. El escitalo consistía en una cinta de cuero que se enroscaba en espiral alrededor de una madera. El secreto consistía en que el diámetro de la vara de madera del emisor como del receptor debían de ser de un diámetro idéntico. La tira de cuero era, aparentemente, una cinta llena de letras que no tenían ningún sentido. Solamente formaban las palabras correctas cuando se enrollaban en espiral en el escitalo correcto. De esta manera, el mensaje era fácilmente descifrable. Este método fue utilizado por los generales de campo espartanos.

Por su parte, Julio César solía emplear un sistema criptográfico de su propia invención. Se trataba simplemente de adelantar cada letra cuatro posiciones. Con ello se conseguía que las palabras no tuvieran un significado aparente. Sin embargo, si se recolocaban las letras en su posición correcta el mensaje era fácilmente legible.

Soldados griegos representados sobre una antigua cerámica helénica.

En ambas imágenes, María I Estuardo, reina de Escocia.

Pero la historia de la criptografía cuenta con innumerables anécdotas. Más cerca en el tiempo que los hechos descritos por Heródoto hace 2.500 años tenemos que situarnos en la Inglaterra del siglo XVI. María Estuardo fue reina de Escocia desde 1542 hasta 1567. Hija de Jacobo V y de la segunda esposa de este, María de Lorena, sucedió en el trono a su padre cuando apenas contaba con seis días de vida.

La mañana del miércoles 15 de octubre de 1586 la antigua reina entraba en la sala de juicios del castillo de Fortheringhay. Se la acusaba de traición y de conspirar para asesinar a la reina Isabel con el fin de hacerse con la corona de Inglaterra. El resto de implicados, un grupo de nobles católicos ingleses que pretendía quitar del trono de Inglaterra a la protestante Isabel para colocar a María Estuardo, también católica, ya había confesado la conspiración, siendo ejecutados por orden de Sir Francis Walshingahm, a la sazón secretario de Isabel. Ahora solamente le quedaba demostrar que el centro de la conspiración giraba en torno a María Estuardo.

La principal baza de María era confiar en que Walshingahm no fuera capaz de conocer la clave con la que habían sido cifradas las cartas de la correspondencia que ella misma había mantenido con los nobles ingleses ahora ejecutados. Sin embargo, la antigua reina escocesa no contaba con que Walshingahm, además de secretario de Isabel, también era jefe del espionaje de Inglaterra.

La clave fue descifrada y diez días después de comenzar el juicio, el 25 de octubre de 1586, la reina Isabel firmaba la sentencia de muerte de María Estuardo. En esta ocasión, la criptografía no fue los suficientemente hábil como para lograr la conspiración.

Bibliografía

SINGH, Simon: *Los códigos secretos*, Ed. Debate, Madrid, 2000.

NEWTON, D. E.: *Encyclopedia of cryptology*, ABC CLIO, Santa Bárbara, EE.UU., 1997.

Grabado que reconstruye la muerte de María Estuardo en 1587.

Capítulo 23

La tumba vacía de Ana de Austria

Recluida en un convento desde niña, la figura de Ana de Áustria, hija de Don Juan de Austria, hermanastro de Felipe II, continúa parcialmente en el olvido de los historiadores. Su vida, fascinante donde las haya, está rodeada de enigmas entre los que cabe destacar sus supuestos amoríos y especialmente todo lo que rodea a su misteriosa tumba vacía.

Don Juan de Austria fue hijo natural del emperador Carlos V y de Bárbara Blomberg, liderando para su hermanastro Felipe II las huestes españolas en la victoria de la batalla de Lepanto contra las tropas turcas de Solimán el Magnífico en 1571.

Hija natural de Don Juan de Austria, Ana de Austria nació en 1569. Siendo niña fue recluida de por vida en el convento de las Huelgas Reales de Burgos. Este edificio fue fundado en 1187 y en su iglesia se encuentran los sepulcros de importantes reyes e infantes. Pero además de sus famosos retablos, obra del escultor barroco Gregorio Fernández y el llamado Códice de las Huelgas, en el que descubrimos una colección de 186 piezas musicales, tanto monódicas como polifónicas, las Huelgas Reales de Burgos fue el escenario en donde se desarrolló la vida de esta interesante mujer.

Tras descubrir de forma casual su verdadera identidad, la primavera de 1594 Ana de Austria conoce a Gabriel de Espinosa, el nuevo pastelero de Madrigal. No existen datos que lo confirmen, pero las habladurías de la época comentan la posibilidad de un romance entre este extraño personaje y la propia Ana de Austria. Al parecer, el mismo pastelero, hombre rubio y de mediana edad, había servido al padre de Ana, Don Juan de Austria, circunstancia que quizás llevara al acercamiento de la mujer en la búsqueda por conocer algo más sobre su verdadero origen, hasta entonces oculto.

La historia no tendría nada de especial sino corriera la sospecha de que el tal Gabriel de Espinosa no fuera más que un nombre para encubrir su verdadera identidad, el rey Sebastián de Portugal.

Sebastián de Portugal, que reinaba este país desde los tres años de edad, había fallecido en el campo de batalla enfrentándose a la resistencia musulmana en Alcazarquibir, al norte de África. Sin embargo, la leyenda pronto se apoderó de la extraña muerte del rey, generando una creencia popular basada en el supuesto hecho de la resurrección del monarca o, mejor dicho, de su falsa muerte.

Pintura de Felipe II conservada en el Instituto de Valencia de Don Juan, Madrid.

Bajo el nombre de *sebastianismo* se conoce a una corriente portuguesa y brasileña que llegó a adquirir ciertos cortes mesiánicos a lo largo de la historia, además de ser el nombre con el que se vinculan las leyendas que versan sobre la falsa muerte de personajes famosos como Adolf Hitler, Elvis Presley u Osama Bin Laden, por ejemplo.

Como ya se ha dicho, la base de la historia de la falsa muerte del rey Sebastián de Portugal reposaba en la extraña desaparición del monarca en Alcazarquibir. Para muchos investigadores la tradición de un personaje misterioso y de carácter mesiánico no era nada nuevo. Ya había aparecido mucho antes de la subida al trono de Portugal de Sebastián incluso en la península Ibérica. Por ejemplo, en la rebelión de los comuneros castellanos contra el emperador Carlos V, hecho similar al de Portugal, en las trovas de Bandarra (entre

Carlos V a caballo, por Tiziano. Museo del Prado.

1500 y 1541) se hablaba de forma profética de la llegada de un rey que conquistaría Marruecos, estableciendo el V Imperio, es decir, una especie de monarquía universal.

Fuera o no Gabriel de Espinosa el verdadero Sebastián de Portugal, finalmente los planes políticos que seguramente corrían paralelos a este supuesto romance, nunca llegaron a ver la luz.

El aspecto más misterioso de la vida de Ana de Austria en el convento de las Huelgas Reales de Burgos se centra en lo que rodea a su misteriosa muerte, sucedida en el año 1629.

Siendo ya madre abadesa perpetua, Doña Ana de Austria eligió mucho tiempo antes de morir un lugar para construir su tumba en la capilla de San Juan del convento. Es lógico que este detalle extrañara a sus compañeras de clausura toda vez que Doña Ana no mostraba señales aparentes de enfermedad alguna.

Podemos ver en la documentación localizada en el Real Monasterio de Santa María de las Huelgas que la misteriosa hija de Don Juan de Austria falleció el 27 de noviembre de 1629 cuando contaba sesenta años de edad. Sin embargo,

Presentación de Juan de Austria a Carlos V en Yuste.

Escudo de los Austrias con el águila bicéfala.

como bien apunta la investigadora María Teresa Álvarez, la tumba de Doña Ana, en la capilla de San Juan, tal y como ella misma había planeado construir años antes, ha estado siempre vacía. Los restos de esta mujer nunca han sido localizados.

Explicaciones hay muchas. La más extendida es que el convento fue saqueado por los soldados de Napoleón. Posiblemente entonces los restos de Doña Ana desaparecieron. Sin embargo, este hecho parece bastante improbable. Tiene más sentido pensar que, siguiendo los anhelos sentidos por Doña Ana desde la niñez, ella misma planeara su falsa muerte y escapara del convento para siempre.

Retrato del rey Sebastián de Portugal.

Bibliografía

ÁLVAREZ, María Teresa: *Ellas mismas*, Ed. La Esfera de los Libros, Madrid, 2003.

ÁLVAREZ, María Teresa: *La pasión última de Carlos V*, Ed. Martínez Roca, Barcelona, 1999.

Capítulo 24

Las «reinas» de Egipto

Según avanzamos en el siglo XXI, parece que los estudios de Egiptología también avanzan en las nuevas temáticas de investigación. Ahora son muchos los egiptólogos que dedican su tiempo a indagar en temas hasta ahora tan espinosos como la sexualidad de los faraones, llegando a conclusiones que ya quisiera para sí la mejor película de Almodóvar.

No se trata de un enigma más de la historia de Egipto, sino que cuando se toca la sexualidad de algunos faraones, parece que entramos en palabras mayores. Esto es lo que ha sucedido en muchos foros de revistas de Egiptología académica en donde varios investigadores privados de todo el mundo han cruzado sus opiniones sobre la sexualidad de algunos de los faraones más destacados de la historia del Valle del Nilo, quizás en un intento desesperado de encontrar una solución lógica a algunos de los problemas que han planteado sus legados arqueológicos.

El primero en ver cómo su masculinidad se desvanecía como el humo de un cigarro fue el popular Tutankhamón (1361-1352 a. C.), cuya tumba fue descubierta intacta por el arqueólogo británico Howard Carter en 1922. Algunos investigadores como el dibujante ya fallecido Luis García Gallo, defendía a pies juntillas la feminidad de Tutankhamón. Para sostener esta extraordinaria e increíble teoría se basaba, entre otros argumentos, en la presencia de dos fetos en el interior de la tumba y que posiblemente pudieron haber pertenecido a una reina llamada precisamente Tutankhamón. Además de los fetos, García Gallo también se apoyaba en la existencia de unas representaciones ambiguas en las que Tutankhamón bien podría parecer una mujer, o la falta del pene en la momia, ausencia que fue corroborada cuando se realizó la segunda autopsia a finales de los 60.

Máscara de oro del Faraón Niño, Tutankhamón. Museo de El Cairo.

A día de hoy puede decirse que la momia de Tutankhamón es una auténtica piltrafa humana. Con todo, lo más llamativo de su estado es la desaparición de varias partes del cuerpo como la oreja izquierda y el susodicho pene. A sabiendas de que estas partes existían cuando Carter realizó las fotografías de la momia el 11 de noviembre de 1925, hay dos posibilidades que puedan explicar su misteriosa desaparición. Por un lado, nadie puede dejar de lado que en algún momento de su traslado o trabajo, se perdieran, al igual que ha sucedido con otras tantas momias. Sin embargo, resulta más morboso detenerse a pensar quién es el idólatra y cleptómano que conserva en un cajón de su casa la oreja y el pene de un faraón. Todo un alarde de extraño coleccionismo.

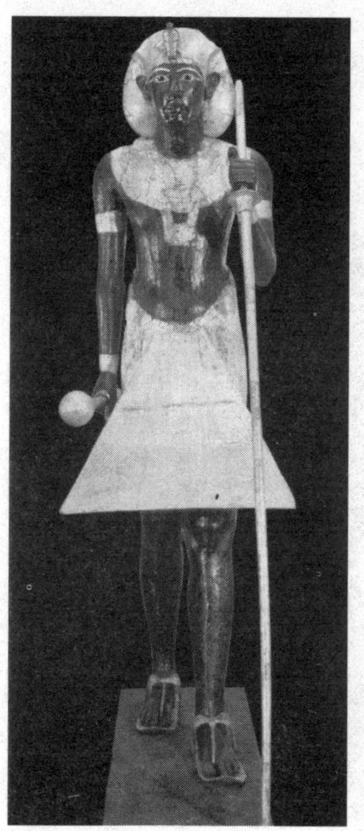

Sin embargo, si se demostrara la presencia de una momia femenina en la tumba de Tutankhamón, circunstancia que ninguno de los análisis forenses que se han realizado en la momia ha corroborado, más bien todo lo contrario, no tendría que significar necesariamente que Tutankhamón fue una mujer, sino que por razones desconocidas esa tumba fue ocupada por una persona del sexo femenino y no por el propio Tutankhamón.

Puesta en duda la sexualidad de Tutankhamón no podía ser menos que hacer lo mismo

*Estatua del Ka de Tutankhamón.
Museo de El Cairo.*

con su supuesto padre, Amenofis IV, Akhenatón (1379-1362 a. C.). La verdad es que sobre este último se ha llegado a decir de todo. Desde que fue un contactado por un OVNI, el verdadero Moisés, comunista, negro castrado del Sudán, hasta que fue el primer travestido de la historia y demás delicias que iban en aumento a medida que se observaba en sus estatuas que su supuesto miembro viril era reducido por los escultores a la mínima expresión. No contentos con que su órgano no diera la talla «faraónica», algunos investigadores han acabado por decidir eliminárselo, cambiándole de sexo de forma tajante.

Desde luego, nadie puede decir que el aspecto de Akhenatón sea normal. Es imposible reducir en unas líneas todo lo que se ha contado sobre el origen de sus deformidades. Se ha barajado la posibilidad de que padeciera hidropesía, que es una inflamación por retención anormal de líquidos. Con ello se explicaría su forma anormal del abdomen. Hace pocos

Coloso de arenisca de Amenofis IV, Akhenatón. Museo de El Cairo.

años el investigador Bob Brier propuso el síndrome de Fröhlich o, quizá la más acertada, el síndrome de Marfan, en el que tanto las extremidades y los rasgos de la cara adquieren el alargamiento característico. También hubo quien dijo que se trataba simple y llanamente de una persona homosexual que tuvo un extraño *affaire* con Semenkhare (1364-1361 a. C.), su joven corregente, y que según otros no sería un hombre sino la reina Nefertiti, por lo que todo volvería a la normalidad. En cualquier caso, la razón puede ser más fácil de lo que se había pretendido.

En los últimos meses lo más «in» es pensar que Akhenatón fue realmente una mujer y además lesbiana. Según esta hipótesis la pareja de Akhenatón con Nefertiti sería en realidad una pareja lesbiana en la que Akhenatón sería la que «llevara los pantalones» en todo tipo de acontecimientos

Estela de piedra con una escena familiar de Amenofis IV, Akhenatón, y su esposa Nefertiti. Museo de Berlín.

políticos y sociales. Adelantándose en casi ocho siglos a la famosa poetisa Safo de Lesbos (620-580 a. C.), su relación con la hermosa Nefertiti fue tan violenta en la época que pudo haber cambiado incluso las pautas normales del arte convencional, tal y como habían sido vistas hasta entonces. Por supuesto, el prominente vientre de algunas de las esculturas de Akhenatón no se debería en absoluto a la hidropesía o a cualquier otra trastorno, sino, todo lo contrario, al avanzado estado de gestación de la insólita madre.

Ciertamente la teoría no es nueva. Ya en 1714, cuando apareció en Tuna el Gebel una de las estelas de frontera de la

Detalle de un coloso de arenisca de Amenofis IV, Akhenatón. Museo de El Cairo.

nueva ciudad de Akhenatón, su descubridor, el jesuita francés Claude Sicard ya pensó que aquella figura representaba a una mujer. Desde luego el problema es mucho más complejo que lo que puede pensarse a primera vista, ya que hay numerosas pistas filológicas y arqueológicas que parecen dar la razón a esta hipótesis, aunque bien es cierto que hay muchas que lo desmienten.

Bibliografía

ALDRED, Cyril: *Akhenatón: faraón de Egipto*, Ed. EDAF, Madrid, 1989.

REDFORD, D. B.: *Akhenaten*, American University Press, El Cairo, 1997.

REEVES, Nicholas: *Akhenatón: el falso profeta de Egipto*, Ed. Oberon, Madrid, 2002.

Capítulo 25

Jean-Baptiste Poquelín, ¿Molière?

La historia de la literatura está repleta de momentos fascinantes que nos hablan del doble significado de algunos textos, la falsedad de otros o el cambio de autoría en algunos de los pasajes más importantes. A lo largo de estos dos volúmenes de *La Historia Perdida* he dado algunos ejemplos de los más conocidos (véase el capítulo 11 de la anterior entrega). En el primer libro desarrollé, aunque mínimamente, la controversia existente alrededor de la autoría de las tragedias de William Shakespeare, para muchos, obras inequívocas de su amigo y autor contemporáneo Christopher Marlowe. En este mismo libro hago una mínima incursión en el doble significado de la literatura trovadoresca y me dejo en el tintero, quizás para otra entrega, temas tan apasionantes como el significado de la *Odisea* de Homero, quién fue el autor de las obras firmadas bajo el pseudónimo de Hermes Trismegisto, o el no menos interesante simbolismo de *El Quijote*, de nuestro universal Miguel de Cervantes.

En ocasiones, y por esos caprichos que tiene el destino, ha llegado hasta nosotros más información de hechos históricos sucedidos hace miles de años que, curiosamente, algo que ha pasado hace apenas unos pocos siglos o incluso décadas. Como me comentaba en una ocasión un profesor en la Universidad de Valladolid, sabemos los nombres de las listas de senadores de época imperial que gobernaron en al penín-

sula Ibérica hace casi 2.000 años y por el contrario, se ha perdido la documentación de los gobernadores de ciudades
importantes españolas del siglo XIX. Este tipo de paradojas
son las que en ocasiones respaldan, o incluso alientan, la aparición de leyendas, muchas de las cuales, como sucede siempre, tienen un poso de verdad.

Jean-Baptiste Poquelín, Molière.

Revisando las antiguas carpetas con que contaba para la elaboración de esta nueva historia perdida me topé con un trabajo que había desarrollado hace años y que nunca llegué a publicar, por lo que aquí lo presento por primera vez.

La vida de Jean-Baptiste Poquelín, más conocido como Molière, resulta tan interesante como la de muchos grandes nombres de la historia de la literatura. Nació en París el 15 de enero de 1622, hijo de un rico tapicero ligado a la corte del rey de Francia. Ya cuando era un niño, Jean-Baptiste gustó de ir al teatro y de disfrutar con las representaciones cómicas. De ahí que en 1643, con poco más de veinte años de edad, se uniera con un nombre falso a una compañía itinerante vinculada a una importante familia de actores profesionales, los Béjart. Precisamente, tiempo después, en 1662, se casara con Armande Béjart, miembro de esta singular familia.

El propio Jean-Baptiste dio nombre a la compañía, Illustre Théâtre, actuando de forma itinerante por todo Francia en los años siguientes. Es precisamente a partir de este momento cuando empiezan a surgir los problemas en la biografía de Jean-Baptiste Poquelín. En plena gira teatral en 1658, que no debía de ir muy bien ya que todos los biógrafos están de acuerdo en afirmar que Molière presentaba un aspecto realmente famélico, la compañía se detiene en la ciudad normanda de Ruán, al norte de Francia. Desde allí nuestro autor realiza una serie de viajes relámpago a la capital francesa para reunirse no se sabe con quién, ni cómo, ni cuándo. Lo que importa es que, al poco tiempo, la compañía llega a París y es recibida con todos los honores en la mismísima corte de Luis XIV. Más llamativo resulta conocer que inmediatamente después Molière es nombrado «Monsieur» del hermano del rey, para pasar a ser al poco tiempo comediante principal del propio Luis XIV. Este le dio toda su colaboración permitiéndole utilizar de forma ocasional el Petit-Bourbon e incluso, en 1661, el teatro del Palacio Real.

Para muchos críticos y estudiosos de su obra, posiblemente uno de los mayores interrogantes es encontrar una respuesta a cómo, estando bajo la tutela del rey, Molière se tomara la libertad de escribir sin ningún tipo de salvedades contra la aristocracia que junto a él compartía la corte de Luis XIV. Sus ácidas críticas a los nobles, e incluso a los miembros de la familia real, no parecían importar al rey ni a los aludidos. En obras como *Tartufo* (1664) podemos leer algunas de estas críticas contra la sociedad de su época, algo bastante extraordinario tratándose de un personaje tan importante como lo era por entonces Molière. No olvidemos que en su misma época, gente más importante que él iba a la cárcel por hacer pública la crítica más insustancial que uno pueda imaginar.

¿Quién estaba realmente detrás del pseudónimo, Molière? Para algunos estudiosos la respuesta no puede ser otra que el propio Luis XIV. Que fuera el rey el autor de las obras explicaría algunos hechos singulares. Al no poder hacer una crítica abierta de la política esgrimida en la época por el car-

Retrato ecuestre del rey de Francia, Luis XIV.

denal Richelieu, con las obras teatrales el rey accedía a una serie de prerrogativas que solamente le permitían este arte.

El vacío de personalidad de Molière más allá de la figura del rey queda patente en otras anécdotas. Es curioso que siendo un personaje tan importante en la corte de Luis XIV de quien, recordemos, llegó a ser comediante personal, no se conserve ningún retrato auténtico, es decir, todos los que hay, como el que ilustra las páginas de este libro realizado por Paul Mignard, contemporáneo de Molière, no son más que reconstrucciones ideales del rostro desconocido de este genial autor de teatro. ¿Quién era este Molière que de la noche a la mañana escaló hasta llegar a las cotas más altas de la sociedad francesa? Tampoco hay descripciones sobre su aspecto físico y quizás, lo más curioso de todo, la prestigiosa *Gazette de France*, que en su época era el referente obligado para los escritores más aplaudidos, como lo era Molière, jamás escribió una sola línea de él ni, por supuesto, se hizo eco de su desaparición. Tampoco pasa desapercibido que no se conserve un solo manuscrito de puño y letra de Molière, solamente una firma, algo que nos recuerda el caso, muy parecido en su rocambolesca trama, de William Shakespeare.

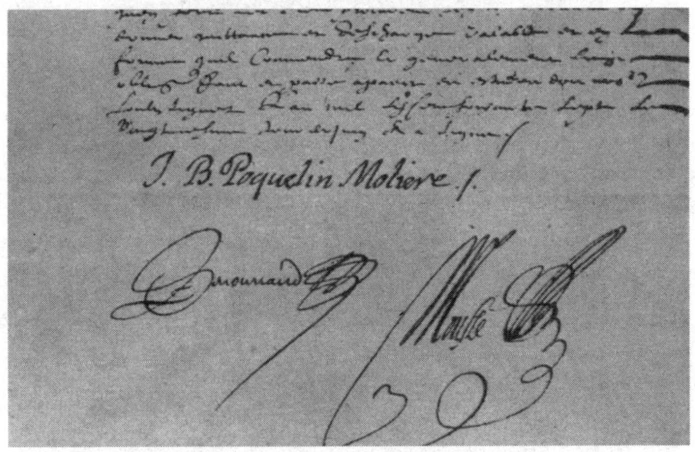

Firma de Jean Baptiste Poquelín, Molière.

Hay también quien ha identificado a Molière con el misterioso hombre de la Máscara de Hierro. Quien más ha trabajado en la búsqueda de una solución para este enigma ha sido Eudore Soulié, un crítico literario de la segunda mitad del XIX que dedicó varios años de su vida a la búsqueda, infructuosa por otra parte, de pruebas escritas que defendieran la existencia real de Jean-Baptista Poquelin. A él le debemos el hallazgo del único autógrafo conocido de Molière y de los sorprendentes hechos que rodean al nacimiento del hijo del comediante y de Armande Béjart, llamado con el pseudónimo del padre, Molière, seguido del sospechoso nombre del rey, Luis.

¿Fueron Luis XIV y Molière la misma persona o existió en verdad este, siendo realmente un protegido y pantalla del monarca para dar rienda suelta a las críticas que tanto corroían a la corte de la época?

El Hombre de la Máscara de Hierro, identificado por algunos críticos literarios como el propio Molière.

A principios de 1673 se estrenó en París *El enfermo imaginario*, otro de los grandes clásicos de Molière. Curiosamente, a los pocos días del estreno, el artista que participaba en la representación falleció sobre el escenario. Iba vestido de amarillo, comenzando así una tradición que nunca más se ha separado de las supersticiones del mundo del teatro. Era el 17 de febrero de 1673 y con él también se marchaba uno de los mayores enigmas de la historia del teatro universal.

Bibliografía

SOULIÉ, Eudore: *Recherches sur Molière et sa famille*, L. Hachette, París, 1863.

Representación teatral cómica contemporánea de la vida de Molière.

Capítulo 26

¿Quién era Fulcanelli?

Una tupida cortina de humo cubre la verdadera identidad de Fulcanelli. Sin embargo, el legado esotérico de este sabio es mucho más importante que lo que realmente pueda proporcionarnos el conocimiento de su rostro. Considerado como uno de los mejores alquimistas de todos los tiempos, Fulcanelli consiguió interpretar con éxito el significado de la alquimia y su representación en las gigantescas catedrales góticas.

Sobre el pavimento que cubre el suelo de la nave central de la catedral de Amiens (Francia), construida a lo largo del siglo XIII, se conserva el trazado de un misterioso laberinto. Quien consigue llegar con éxito hasta el final del mismo obtendrá como premio el conocimiento de los nombres de los arquitectos que trabajaron en tan gigantesca empresa constructiva; en este caso Robert de Luzarches, Thomas de Cormont y Renaud de Cormont.

No es de extrañar que la catedral de Amiens pase por ser el modelo arquitectónico del gótico en el norte de Francia. Siguiendo el mismo ejemplo, cien años después, los arquitectos de la catedral de Reims, a la sazón Jean d'Orbais, Gaucher de Reims y Bernard de Soissons, emplearon el mismo adoquinado laberíntico —hoy perdido tras la remodelación del siglo XVIII— para dejar constancia de forma tan singular de su paso por la Historia.

Este curioso detalle, que está claramente ligado a los ideales esotéricos y mágicos que tanto desarrollo tuvieron durante la Edad Media, ha sido entendido por algún iluminado historiador del arte como «inocente curiosidad para muchachos», como si el interior de un lugar sagrado pudiera ser comparado con un parque de recreo infantil. Sin embargo, todo nos hace pensar que tras estos extraños símbolos se encuentra una fuerza de extraordinarios poderes.

La interpretación mágica del interior de las grandes catedrales medievales ya fue objeto de polémica durante los siglos XVIII y XIX por parte de las grandes sociedades secretas. Sin embargo, su máxima expresión llegará en la primera mitad del siglo XX de la mano de un misterioso personaje, Fulcanelli, cuya figura era igual de enigmática que los contenidos de sus obras.

Fachada de la catedral de Notre-Dame de París.

Bajo este seudónimo, el autor de *El misterio de las catedrales* (1926) y de *Las moradas filosofales* (1931) expone en estos dos libros el verdadero significado de la alquimia y su reflejo en las grandes obras arquitectónicas del medievo, las catedrales góticas. Fulcanelli, tal y como observó Patrick Ravignant, interpretó la antigua ciencia de la alquimia como una técnica que había de ser empleada para alcanzar la iluminación más interior. Esta debía realizarse al mismo tiempo en el campo de lo espiritual y de lo material y para conseguirlo los trabajos que se realizaban en el laboratorio y los que proporcionaba la ascesis, debían ser simultáneos. El culmen de todo este proceso se encuentra en la consecución de una expresión material: la piedra filosofal de la Gran Obra. Tal y como describió el propio Fulcanelli en una entrevista a Jacques Bergier en junio de 1937, el secreto de la alquimia es que «existe un medio de manipular la materia y la energía de manera que se produzca lo que los científicos contemporáneos llamarían un campo de fuerza. Este campo de fuerza actúa sobre el observador y le coloca en una situación privilegiada frente al Universo. Desde este punto de vista privilegiado tiene acceso a realidades que el espacio y el tiempo, la materia y la energía, suelen ocultarnos. Es lo que nosotros llamamos la Gran Obra».

Según Fulcanelli, solamente después de recrear paso a paso un largo proceso de despertar místico, se podrá alcanzar el éxito.

Fulcanelli descubrió todo este proceso de ascesis grabado en las piedras que se emplearon para edificar las gigantescas catedrales. Según este iniciado, entre los medallones y estatuas de los templos góticos se puede seguir de forma muy clara el antiguo camino alquímico en sus diferentes etapas. Para este enigmático personaje la catedral no debía ser observada como «una obra dedicada únicamente a la gloria de Cristo, sino más bien como una basta concreción de ideas y tendencias, de fe popular, un todo perfecto al cual uno puede referirse sin temor en cuanto se trata de penetrar en el pensamiento de los antepasados, sea en el terreno que sea».

Todo parece indicar que Fulcanelli llegó a descubrir algo sorprendente momentos antes de desaparecer de nuestro entorno, no sabemos si física o socialmente. Su discípulo, Eugène Canseliet, defiende que tras una transmutación en el laboratorio de la Compañía del Gas en París en 1921, Fulcanelli le confió las dos obras anteriormente citadas. ¿Debe relacionarse este importante hallazgo con la legendaria piedra filosofal, tal como han señalado algunos investigadores? Quizás, su repentina desaparición pudo estar directamente relacionada con este hecho.

Al parecer Fulcanelli anunció con una precisión pasmosa los peligros que acarrearía la utilización de la energía nuclear, aunque esta fuera empleada para fines pacíficos. En 1946, una vez acabada la Segunda Guerra Mundial, tras la liberación de Francia, los servicios secretos de los Estados Unidos conocieron este precedente. En un intento por contactar con el misterioso profeta y así conocer todos los secretos del átomo, los americanos persiguieron con ahínco, aunque sin éxito, la última pista dejada por Fulcanelli, cuyo rastro se había perdido definitivamente hacía más de una década.

El concepto moderno de piedra filosofal como la fórmula mágica que convertiría el plomo en oro no sería más que una aplicación particular de la Gran Obra. «Lo esencial —según Fulcanelli— no es la transmutación de los metales, sino la del propio experimentador».

En muchas ocasiones podemos escuchar que la obra de Fulcanelli es terriblemente complicada debido a la dificultad de los simbolismos que aparecen entre sus páginas. Ello se debe, quizás, a que sus libros son, aunque parezca lo contrario, mucho más prácticos de lo que algunos lectores se piensan. Nuestra visión sobre la alquimia medieval se transformaría radicalmente si empleáramos, por ejemplo, *El misterio de las catedrales* como una especie de libro-guía en Notre-Dame de París. Impregnados de la propia esencia del texto, captaríamos rápidamente los contenidos de la obra de Fulcanelli siguiendo las pistas que nos ofrecen sus páginas.

Desde el origen de la planta de las catedrales en la cruz ansada de los egipcios, en donde la girola es el asa de este instrumento, a la identificación de los metales con los planetas, el libro de Fulcanelli está repleto de simbolismos. Con ellos este alquimista del siglo XX pretendía dar a entender que su ciencia era un lazo con civilizaciones desaparecidas hace milenios; culturas que aún hoy son ignoradas por los modernos arqueólogos. Precisamente algunos de estos pueblos antiguos fueron destruidos por el mal uso de la energía atómica; energía que sus alquimistas ya conocían desde mucho antes de que se redescubriera a mediados de nuestro siglo.

Gárgolas de Notre-Dame.

En cualquier caso, todos estos símbolos han de ser interpretados por el iniciado siguiendo un camino interior y ascético, lo que, a la postre, le convertirá con el paso de los años en un verdadero alquimista.

Es mucho lo que se ha escrito sobre la vida de este alquimista contemporáneo, si bien la mayor parte de todas sus biografías están basadas en testimonios bastante inseguros. Sumido en la más oscura de las leyendas, nada de cierto es lo que sabemos de los orígenes, verdadero nombre y las circunstancias que rodearon a su aparición y desaparición en el entorno esotérico. La única persona que conoció con seguridad a Fulcanelli, su discípulo y el hombre que divulgó los manuscritos de *El misterio de las catedrales* y *Las moradas filosofales*, Eugène Canseliet, siempre se negó a desvelar la verdadera identidad de su maestro.

Detalle del relieve que cubre la entrada principal de la catedral de Notre-Dame.

El rastro de este extraño secretismo ha llevado a más de uno a pensar que el propio Canseliet era realmente Fulcanelli, si bien este extremo jamás se llegó a comprobar. Otras personas a las que se les ha relacionado con la imagen de este alquimista han sido J. H. Rosny y, especialmente, Julien Champagne, el ilustrador de los dos libros y a la vez un extraño personaje que en su vida privada estuvo muy relacionado con la difusión de las doctrinas esotéricas expuestas en los textos. Un punto a favor de este hipótesis está en que Champagne fue el creador de la *Fraternidad de Heliópolis*, sociedad secreta a la que Fulcanelli dedicó sus obras.

Por otra parte, hay quien ha llegado a afirmar que Fulcanelli fue la reencarnación del famoso alquimista del siglo XIV Nicolás Flamel. Este fue el autor de una obra titulada *Libro de las figuras jeroglíficas*, texto por el que Fulcanelli sentía una gran admiración, considerándose a sí mismo como un discípulo del propio Flamel.

Detalle del rosetón central de Notre-Dame de París.

Sin embargo, el testimonio más importante de todos parece estar en el investigador francés Jacques Bergier, quien llegó a conocer al insigne alquimista una tarde de junio de 1937. La entrevista íntegra que mantuvo con él en un laboratorio de ensayos de la Sociedad del Gas de París fue publicada en su ya clásico *El retorno de los brujos*, escrito junto a Louis Pauwels. Aunque el personaje que se hacía llamar Fulcanelli dominaba a la perfección el mundo de la alquimia, Bergier, debido a su juventud e inexperiencia en aquellos tiempos, nunca pudo asegurar al ciento por ciento la autenticidad de aquel «Fulcanelli».

Bibliografía

FULCANELLI: *El misterio de las catedrales*, Ed. Plaza & Janés, Barcelona, 1994.

FULCANELLI: *Las moradas filosofales*, Ed. Plaza & Janés, Barcelona, 1973.

Capítulo 27

El caleidoscopio de la estrella Sirio

Nadie se explica cómo la estrella Sirio ha cambiado del rojo al blanco en menos de 2.000 años. Los testimonios de algunos autores clásicos de la talla de Cicerón, Horacio o Séneca, que hablaban de una Sirio roja, hacen tambalear los dogmas elementales de la astrofísica actual, mientras que los propios científicos modernos se encogen de hombros ante este enigma astronómico.

Las avezadas observaciones del cielo llevadas a cabo por los antiguos egipcios pasan por ser, junto con las de los caldeos en Mesopotamia, unas de las más destacadas en la antigüedad. No en vano, la exactitud de estas observaciones permitió a los primeros astrónomos pronosticar eclipses y anunciar solsticios y equinoccios con asombrosa precisión.

Esta seguridad hizo que muchos arquitectos emplearan extraños juegos astronómicos en la construcción de sus edificios. Uno de los mejores ejemplos lo encontramos en el gigantesco espeos mandado construir por Ramsés II en Abu Simbel, hacia el año 1275 a. C. En este santuario, con una precisión que no ha podido ser igualada con los métodos modernos, los egipcios lograron orientar las salas del templo de tal manera que las imágenes de los dioses, esculpidas en una de las salas más profundas de la montaña, a más de 70 metros del exterior, recibieran los primeros rayos de luz durante los equinoccios (21 de marzo y 21 de septiembre).

Tras el traslado del templo en los años 60 a una ubicación en la que no sufriera la inundación por el lago Nasser, este fenómeno llega con un día de retraso...

La estrella Sirio no era para los antiguos egipcios una más de los casi seis mil astros que pueden observarse a simple vista en el cielo. La arqueología cree que tras unos pocos años de observaciones, los astrónomos, quizás del faraón Zoser (ca. 2650 a. C.) descubrieron, gracias a la pericia del sabio Imhotep, que Sirio era la estrella que buscaban para confeccionar su calendario.

La aparición matinal junto al Sol de este astro llamado *Sepedet* por los egipcios y *Sothis* por los griegos, la estrella más brillante de la constelación del Can Mayor, daba lugar al comienzo del año. Esta fecha, que solía rondar el 15 de junio de nuestro calendario moderno, coincidía con el comienzo de la inundación del Nilo, auténtica fuente de vida para los antiguos egipcios.

Cualquiera que se adentre mínimamente en la astronomía comprenderá que para llegar a tal observación los antiguos egipcios debieron haber seguido el itinerario de esta estrella durante siglos. De esta manera, no puede justificarse como un descubrimiento genial por parte de uno de los sabios de la época ya que, aunque hubiera acertado desde un principio con la estrella Sirio, las observaciones que tendría que haber llevado a cabo para corroborar sus sospechas, no podría abarcarlas ni con todos los años de su vida.

Desde muy antiguo la estrella Sirio fue identificada con la imagen de la diosa Isis, esposa de Osiris. Precisamente una de las variantes de la conocida leyenda de este dios, que fue asesinado a manos de su maléfico hermano Set, relaciona el ascenso de las aguas del río Nilo con la aparición de la estrella Sirio-Isis en el horizonte. Según un antiguo texto egipcio, el caudal aumentaba debido a las lágrimas vertidas por la diosa tras la trágica muerte de su esposo.

Curiosamente, Isis ha sido vinculada asiduamente con el color rojo en todas sus facetas positivas, si bien el rojo como color destructivo se identificaba con la imagen de su cuñado, Set. No obstante, Isis solía presentarse ataviada con un bello vestido de color rojo, tal y como podemos apreciar en muchas de las imágenes que se conservan de la esposa de Osiris. Por otra parte, su hijo Horus fue relacionado por los antiguos egipcios con el planeta rojo, Marte. Quizás los egipcios observaron alguna relación por el color entre este planeta y la estrella Sirio, relacionándolos como madre e hijo.

Si no fue así, ¿a qué se debe esta extraña concomitancia entre la diosa Isis, la estrella Sirio y el color rojo? ¿Posee alguna explicación natural en los cielos de la diosa Nut?

Estatua sedente de la diosa Isis, identificada con la estrella Sirio por los antiguos egipcios.

Uno de los problemas que más controversia ha levantado en el seno de la comunidad científica astronómica y que jamás ha trascendido en los trabajos sobre Sirio en el antiguo Egipto es el color de la propia estrella. Y es que, si bien esta circunstancia resulta aparentemente baladí, podría minar las bases de la evolución estelar contemporánea. Nos estamos refiriendo a los diferentes testimonios antiguos sobre la variación de color de Sirio. Percibida hoy como una estrella de color blanco azulado, ¿pudo haber tenido color rojo hace 2.000 años?

El astrónomo y geógrafo alejandrino Claudio Ptolomeo (100-178 d. C.) escribió una serie de obras, basadas muchas de ellas en la antigua tradición astronómica egipcia. Su legado fue tan importante y caló de tal manera en la cultura griega que no hubo otro libro de astronomía más importante hasta el nacimiento de los científicos renacentistas en el siglo XVI.

Isis amamantando a su hijo Horus en una figura de bronce tardía.

Ptolomeo, en el libro octavo de su *Almagesto*, que contiene un catálogo estelar, declara sobre Sirio: «La estrella en la boca (de la constelación del Can Mayor), que es muy brillante, se llama "Can" y es de color rojizo».

Esta afirmación, que puede corroborarse con otros testimonios de la antigüedad como los de Cicerón (106-43 a. C.), o el poeta latino Horacio (65-8 a. C.), quien en su *sátira* habla de «la roja canícula», sigue desconcertando a los modernos astrónomos. Incluso Séneca (55 a. C. 39 d. C.) llegó a decir que el color rojizo de Sirio era mucho más intenso que el de Marte. Entonces, he aquí la irritante cuestión que muchas veces pasa desapercibida, ¿cómo es posible que la estrella Sirio haya cambiado de color en apenas 1.700 años?

Dibujo del zodíaco de Dendera.

Ya en el siglo VIII a. C. autores de la talla de Homero y Hesíodo cantaban en sus poemas la celebridad de esta estrella. Y es precisamente este último, Hesíodo, quien señalaba la recomendación de vendimiar la uva cuando Sirio se encontrara lo más alto posible en el cielo. ¿Acaso estaba relacionando el color de la estrella con la excelencia de los rojos caldos helenos?

Sin embargo aún hay más. El astrónomo griego Hefestio, cuya obra data del siglo IV d. C., menciona un hecho singular. Dependiendo del color que tuviera la estrella Sirio los egipcios, desde los albores de su civilización, podían predecir buenos tiempos si se veía blanca y brillante, o guerras y desgracias si por el contrario aparecía roja sobre el horizonte. ¿Podemos deducir de la mención de Hefestio que Sirio en el siglo IV comenzó a tomar el color blanco azulado que posee en la actualidad?

La tribu africana de los dogon, en Mali, posee tradiciones ancestrales basadas en la estrella Sirio. Según relata su cosmogonía, unos extraños habitantes procedentes de las cercanías de este astro descendieron sobre la Tierra hace miles de años en un arcón que primero fue rojo para convertirse más tarde en blanco...

¿Explicaría todo ello en la tradición egipcia que de Isis-Sirio rojo naciera el planeta Horus-Marte, del mismo color? Quizás Ptolomeo tuvo acceso a observaciones ancestrales realizadas por los antiguos egipcios cuando la estrella Sirio se encontraba en otro estado de su evolución. Un significativo testimonio realizado por Heródoto parece dar a entender que los astrónomos egipcios venían observando el devenir del sol desde hace más de 26.000 años y que conocían fenómenos tan complejos como el de la precesión de los equinoccios.

Desde que el astrónomo inglés Thomas Barker señaló en 1760 la existencia de este «inconveniente» un tanto discorde con la ciencia oficial, pocos han sido los que han intentado buscar una respuesta lógica a este misterio. Hasta finales del siglo XIX el asunto pasó casi desapercibido por los gabinetes de los astrónomos europeos y americanos. Así, en 1892 el astrónomo norteamericano Thomas Jefferson Jackson See y el italiano Giovanni Virginio Schiaparelli publicaron separadamente los dos primeros estudios que recopilaban y analizaban los testimonios de los autores clásicos sobre el misterio del color de Sirio. Mientras See defendía la posibilidad del cambio de color en Sirio, Schiaparelli se manifestaba totalmente contrario a esta hipótesis.

A pesar de todo, después de los años 30, cuando se asentó la teoría que explicaba la evolución de las estrellas basándose en la fusión nuclear, el cambio de color resultaba algo imposible, por lo que el problema se olvidó sin que nadie llegara a solucionarlo.

La reina Ankhnesmerire con su hijo el rey Pepi II, a modo de Isis y Horus. Imperio Antiguo, Museo de Brooklyn.

En los últimos 30 años, los astrónomos parecen haber retomado con nuevos bríos el problema del cambio de color en la estrella Sirio. Una de las posibilidades que se planteó fue que, quien realmente tuvo color rojo en la antigüedad era Sirio B, la pequeña estrella que completa el sistema binario de Sirio. Su explicación se sustentaba en la posibilidad de que pudo haber adquirido esta tonalidad gracias a una reacción termonuclear incontrolada y que con el paso de los siglos tomó su coloración blanca, reduciendo su tamaño hasta la actualidad en donde solamente puede observarse a través de un potente telescopio. Sin embargo, esta hipótesis parece muy poco probable para los astrónomos modernos.

Tampoco satisface otra solución parcial basada en los cambios atmosféricos. El 26 de agosto de 1883 el volcán Perbuatan de la isla Krakatoa, situada entre Java y Sumatra, estalló de forma brutal acabando con la vida de más de 40.000 personas. En los días sucesivos la suspensión en el aire de partículas procedentes del volcán hizo que todas las estrellas del cielo se vieran de color rojo. Un efecto muy similar ocurre en aquellos lugares en donde se ha estrellado un meteorito. Así sucedió, por ejemplo, en la región siberiana de Tunguska en 1908. Sin embargo, esta argumentación no satisface en absoluto los testimonios de los astrónomos antiguos, quienes no llamaban la atención sobre la totalidad de las estrellas sino que solo lo hacen sobre Sirio.

No son pocos los investigadores que han especulado con la posibilidad de expandir la teoría de Robert Bauval sobre la construcción de algunas pirámides egipcias y la constelación de Orión, a otras constelaciones y estrellas cercanas a esta. Por ello, si las tres pirámides de la meseta de Gizeh, las de Keops, Kefrén y Micerinos son un reflejo terrestre de las tres estrellas del cinturón de Orión, qué duda cabe que a una distancia determinada en el plano, al noreste de esta planicie, siguiendo el mismo trazado que en el cielo, encontraremos el edificio, posiblemente también una pirámide, que rememore la estrella más importante de los cielos egipcios, Sirio. Y quizás, solamente quizás, sobre las paredes exteriores de esta construcción se conserve una suave pátina de color rojo...

Las teorías tradicionales sobre la evolución de las estrellas no cuadran con el enigma planteado por Sirio. La evolución de una estrella depende de su masa. Las más pequeñas, llamadas *protoestrellas*, con una masa inferior a 0,06 veces la del Sol, no podrán alcanzar la temperatura necesaria hasta lograr la reacción nuclear que las haga aumentar.

Las que alcanzan hasta 1,6 veces la masa del Sol permanecen en un estadio inicial hasta 10.000 millones de años. Una vez consumido todo el hidrógeno, el núcleo se contrae y la estrella aumenta su temperatura a cien millones de grados. En este paso, el helio comienza la fusión nuclear y la estrella crece hasta convertirse en una *gigante roja*. Finalmente, la estrella expele las capas superficiales formando *nebulosas planetarias* y su núcleo se contrae hasta formar una *enana blanca*.

Cuanto mayor sea la estrella este proceso se sucede con mayor rapidez. En cualquier caso, la estrella Sirio no pudo haber cambiado de color, según esta teoría, en poco más de 1.500 años.

Entre 1946 y 1950, M. Griaule y G. Dieterlen, dos antropólogos y etnógrafos franceses, estudiaron la historia, cultu-

Pintura de Horus en la tumba de Nefertari. Este dios halcón fue reconocido en ocasiones por los egipcios como el planeta Marte.

ra, tradiciones y costumbres de la tribu de los dogon en Mali, país africano que se encuentra al sur de Argelia. En este tiempo, la pareja francesa convivió con los propios dogon, obteniendo de los patriarcas del poblado la información necesaria para su trabajo.

Según las leyendas de los dogon, sus dioses provenían de la estrella Sirio. Para argumentarlo los dogon proporcionaron a Griaule y Dieterlen datos concretos sobre las evoluciones de las tres estrellas que comprenden el sistema de Sirio (Sirio A, B y C). Además proporcionaron a los antropólogos franceses una serie de datos astronómicos que no pudieron comprobar ya que hace cincuenta años la ciencia moderna solamente sabía de la existencia de Sirio A y B.

Curiosamente, esta última fue descubierta a finales del siglo pasado y no se pudo fotografiar hasta 1970. Pero lo más impresionante de todo es que no fue antes de 1995 cuando se pudo constatar la presencia de Sirio C, una estrella cuya existencia, como ya hemos visto, era conocida por los dogon desde hace miles de años.

¿Cómo pudo saber este pueblo primitivo de Mali hace 5.000 años de la existencia de estas estrellas si no son perceptibles a simple vista? ¿Es posible, como afirma el investigador Robert K. G. Temple en su libro *El misterio de Sirio*, que esta tradición viajara hasta Egipto y se encarnara en la figura de Isis?

Bibliografía

BELMONTE, J. A.: *Las leyes del cielo*, Ed. Temas de Hoy, Madrid, 1999.

HOPE, M.: *The Sirius connection*, Thoth Books, Shaftesbury, 1996.

Capítulo 28

Sacrificios humanos en la antigüedad

Cuando la vida propia no depende de uno mismo sino de la divinidad, poco es lo que se puede hacer para impedir la muerte. No hablamos de sacrificios sangrientos y obligados sino voluntarios; la mejor manera de alcanzar la felicidad más deseada, al sentirse un verdadero elegido de dios.

Aunque desde nuestra óptica moderna parezca contradictorio, una de las formas que existía en la antigüedad para proteger la vida era, curiosamente, morir por ella. No se trata de sacrificios cruentos, ni de morbosos rituales dedicados en honor de dioses desalmados como sucedió en la América precolombina o en algunos momentos de la cercana historia de Roma, sino que fueron ceremonias gracias a las cuales el individuo entraba en contacto con dios y de una forma voluntaria decidía cumplir con su deber, incluso después de la muerte: trabajar para su señor en el Más Allá.

En definitiva, no dejaba de ser un beneficio para toda la comunidad. Pero lo llamativo, empleando la perspectiva actual, es la gran cantidad de personas que voluntariamente se sacrificaron en beneficio de su rey. Prueba de ello es lo que hemos encontrado en los macabros descubrimientos realizados en varios lugares del Oriente Próximo.

El arqueólogo inglés Charles Leonard Wooley, de quién hemos hablado a la hora de comentar la historia del Diluvio

Universal de la Biblia, ha pasado a la historia de la arqueología como uno de los investigadores más importantes gracias al descubrimiento y excavación de las tumbas reales de Ur —hoy Tell Muqqayar—. Como dijo C. W. Ceram, se trataba del descubrimiento más interesante y, al mismo tiempo, del más espeluznante.

En otoño de 1922 apareció el cementerio real, aunque la excavación propiamente dicha no llegó hasta el año 1926. Sin embargo, el hallazgo más aterrador se logró en la temporada 1928-1929 cuando, teniendo solamente a su esposa como colaboradora científica y 140 trabajadores, Wooley se topó con 450 tumbas, entre ellas las de los reyes de Ur y la fosa PG 1237, que por su contenido no dudaron en bautizar «de la muerte». Todos los sepulcros pertenecían a la época clásica de la civilización sumeria, hacia el 2500 a. C.

Allí descubrió los restos de 74 esqueletos femeninos, al parecer damas de la corte que se habían enterrado frente a la tumba del rey. Entre el impresionante ajuar se hallaron numerosos instrumentos musicales de oro y plata y, junto a la esquina suroeste el famosísimo carnero rampante de oro, irónicamente apoyado sobre el árbol de la vida y que se conser-

Excavaciones de Leonard Wooley en las tumbas reales de Ur.

va en el Museo Británico de Londres. Los cadáveres aparecieron con los brazos doblados, llevándose las manos a la boca. Y además, junto a cada uno de los cuerpos, ricamente engalanados, se descubrió una copa.

El propio Wooley pudo reconstruir la macabra ceremonia siguiendo los restos allí descubiertos. «He aquí que se percibe el rumor de una procesión que se acerca por el pasillo —comenta el arqueólogo— (...). Luego vienen los carros con los animales de tiro, bueyes o asnos, aurigas, que los hacen bajar o los empujan hacia abajo. Cada hombre y cada mujer lleva una pequeña copa; lo único que necesitaban para la horrible ceremonia. Los músicos tocaban. Luego, cada cual apuró su copa —en medio de la fosa de la muerte se hallaba un gran recipiente del que todos podían tomar bebida (opio o quizás hachís)— y después se acostaron en espera de la muerte».

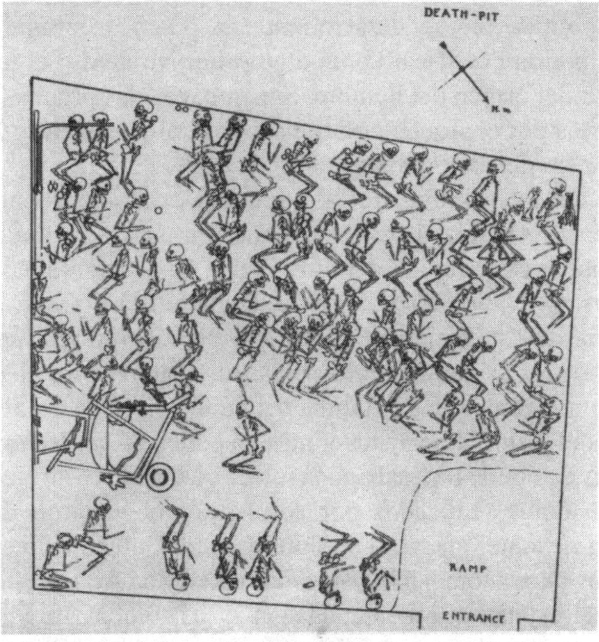

Posición de los cadáveres en la tumba principal de Ur.

Para sorpresa del arqueólogo británico, la fosa de la muerte no era el único ejemplo de sacrificios humanos en las tumbas reales de Ur. En otras muchas los suelos estaban repletos de cadáveres de hombres y mujeres que habían sido inmolados allí mismo, aparentemente, de forma violenta. Wooley también relata el caso de un auriga que fue asesinado sobre su carro y junto a los bueyes del mismo. En otro ejemplo, en la tumba de la reina Shub-ad, se encontraron las damas de honor en dos filas y al final el cadáver del desdichado arpista tañendo las últimas notas de su macabra tonada.

No muy lejos de allí pero un milenio antes, los antiguos egipcios desarrollaron prácticas similares en los albores de su época histórica. Precisamente ningún egiptólogo ha podido encontrar una razón lógica a tan espeluznante costumbre. Nadie puede explicarse cómo la naciente civilización del Valle del Nilo, después de haber superado una serie de pruebas evolutivas y con un Estado sólido, asentado sobre una base política fuerte, desarrollara una práctica cultural que todos podrían calificar como algo primitivo dentro el turbio pasado del origen del hombre. Sin embargo, las pruebas descubiertas por el arqueólogo francés E. Amileneau entre 1896 y 1902 no dejaban ninguna clase de duda.

A unos 120 kilómetros al norte de Luxor se encuentra la región de Abydos. Este árido lugar, en donde la tradición egipcia ubica la tumba del dios Osiris, se encuentra a 1.500 metros de la zona fértil del Nilo. Durante la I dinastía de la historia de Egipto (3100 a. C.) Abydos albergó las tumbas reales de los primeros faraones. Especial interés para el asunto que nos atañe tiene la tumba del faraón Horus Aha, al noroeste del grupo de Abydos y más en concreto las 36 tumbas anexas en donde reposaban los restos de todos sus sirvientes. Los estudios realizados por Amileneau no dejaron dudas acerca de aquel macabro descubrimiento. Habían sido sacrificados para acompañar a su señor en el Más Allá.

Las estelas que acompañaban a las tumbas ofrecieron información sobre los desdichados sirvientes que allí reposaban. Había muchos enanos —de especial consideración por los antiguos egipcios para el servicio doméstico—, mujeres, e incluso algunos perros.

El sucesor de Horus Aha, el faraón Djer (3050 a. C.), continuó con la misma tradición. Alrededor de su tumba de Abydos había 338 enterramientos subsidiarios con los cuerpos de otros tantos servidores sacrificados. La mayoría de ellos eran mujeres y junto a sus cuerpos se descubrieron estelas con los nombres grabados.

La información que podemos extraer de estas primeras excavaciones en Abydos es escasa, ya que Amileneau se limitó a vaciar las tumbas sin ningún rigor científico. En la actualidad, la zona está siendo estudiada de nuevo por el Instituto Arqueológico Alemán de El Cairo. Y es que algunos de los huesos «sin importancia» que descartó Amileneau para las investigaciones resultaron pertenecer a leones jóvenes, también sacrificados en el extraño ritual.

Esta práctica, que seguirá dando coletazos hasta finales de la I dinastía (2900 a. C.), podría encauzar con otra tradi-

Detalle del cráneo de uno de los sirvientes sacrificados en Ur.

ción mucho más antigua descubierta por Flinders Petrie en la región de Hieracómpolis, a 65 kilómetros al sur de Luxor. Allí, el arqueólogo británico, sobre el nivel que se correspondía con el 3500 a. C (Naqada II), descubrió varias necrópolis de notables. En una de ellas, el llamado «cementerio T», Petrie halló pruebas de que en esos sepulcros se habían dado ritos de canibalismo y desmembración de cuerpos.

Si descendemos más al sur y nos introducimos ya en terreno nubio, el actual Sudán, también podemos encontrar prácticas similares y mucho más cercanas en el tiempo. En la ciudad de Kerma, en la Baja Nubia y al sur de la tercera catarata del Nilo, un grupo de arqueólogos americanos de la Universidad de Boston, viene estudiando varias tumbas autóctonas datadas hacia el año 2000 a. C., poco antes de la invasión egipcia de las dinastías del Imperio Medio con los Amenemhat y los Sesostris.

En este lugar se desarrolló una cultura autóctona que durante muchos siglos dependió claramente del poder egipcio del norte. Junto a una de las tumbas más importantes se descubrió un enterramiento multitudinario —casi 400 perso-

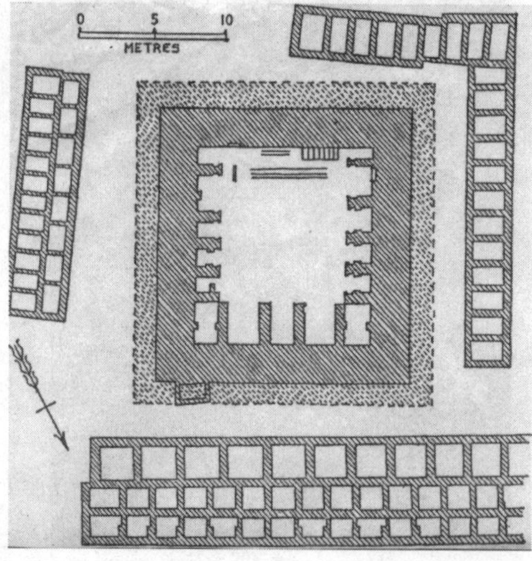

Esquema de las tumbas predinásticas de Abydos.

nas de ambos sexos—, que por sus posturas parecían haber sido sacrificadas. Según el estudio preliminar que se hizo de los cadáveres, muchos de ellos aceptaron sin demora la muerte para acompañar a su Señor, hecho que se desprende de la falta de violencia en el cadáver. Pero son más espectaculares los restos de otros cadáveres de los que la simple evidencia manifestó que ofrecieron todo tipo de resistencia a la muerte. Con los brazos cubriéndose la cabeza intentaron inútilmente librarse de los fuertes golpes que les produjeron.

Desde el punto de vista antropológico, la versión más aceptada para explicar este tipo de muertes es la de consumar el deseo de la persona por seguir sirviendo a su rey en el Más Allá. Este extraño sentimiento que manifestaron muchos pueblos de la antigüedad no tiene ninguna relación con el mayor o menor grado evolutivo. Se nos pondrían los pelos de punta con solo mencionar algunas de las prácticas religiosas con humanos que poseían culturas tan civilizadas como la griega y la romana.

Simplemente hemos de pensar que nos encontramos en otra escala de valores, en donde la vida era considerada un simple dominio divino. El rey, como representante de la divinidad, era el responsable de las vidas de todos sus súbditos.

Panorámica de las tumbas de Abydos con sus habitaciones.

Por ello, quizás para demostrar su extraordinario poder, en ocasiones hacía gestos de transgresión de las reglas humanas para indicar, precisamente, que su divina figura se encontraba por encima de ellas.

No son pocas las tradiciones que perduraron a lo largo de la historia faraónica que recuerdan de alguna manera las antiguas usanzas de los sacrificios humanos. La propia fiesta del Heb Sed es una de ellas. Por medio de esta celebración el faraón revitalizaba sus cualidades físicas y mágicas para poder seguir gobernando el país. Esta fiesta se debía realizar cada treinta años, aunque se conoce que todos los faraones lo hicieron en un plazo menor de tiempo, en primer lugar porque muy pocos superaron esa cantidad de años en su reinado.

Dentro del complejo funerario de Zoser en Sakkara se conserva el llamado patio del Heb Sed en donde se celebraba este ritual. El examen consistía en superar una serie de pruebas físicas como una carrera o el tiro con arco y la identificación del rey con Osiris.

Todo parece indicar que el origen de esta curiosa tradición está relacionada con la expiación que debía sufrir el rey en época primitiva, gracias a la cual daba paso a su sucesor por medio del autosacrificio.

Algo muy parecido sucedió con los famosos ushebtis, unas figurillas de cerámica, piedra o madera que aparecieron a cientos en el interior de las tumbas. Su función era la de asistir como sirviente en el Más Allá a su señor en cualquier tipo de tarea que requiriera un esfuerzo físico. Es muy probable que estos ushebtis sustituyeran a los sacrificios humanos estudiados en las tumbas de Abydos.

Bibliografía

BOVOT, Jean-Luc: *Chaouabtis. Des travailleurs pharaoniques pour l'éternité*, Reúnion des Musées Nat. París, 2003.
WELSBY, Derek A.: *The Kingdom of Kush*, Thames & Hudson, Londres, 1996.

Capítulo 29

Las copias de la Sábana Santa

No existe reliquia de Cristo más interesante y apasionante en su estudio que la Sábana Santa de Turín. Incluso podría tratarse de la única auténtica, afirmando esto con todo tipo de reservas. La fascinación de este trozo de lienzo en los seres humanos no es nada nuevo. Hoy podemos conseguir en librerías y grandes almacenes abundante bibliografía o documentales que desglosan su historia, estudio e investigación. Sin embargo, el interés, repito, no es nada nuevo ni tampoco se ciñe a la historia de la tecnología del siglo XX. A lo largo de los siglos la Sábana Santa de Turín ha causado furor en numerosas generaciones de creyentes o simple curiosos. Prueba de ello es la existencia de las llamadas copias de la Sábana, todas ellas producidas a lo largo de los siglos XVI y XVII, momento en el que circularon sólo en España más de una veintena, de las que solamente se conservan dieciocho. Algunas de ellas fueron copiadas con tanto esmero que se reprodujo incluso los remiendos que se cosieron al original turinés después de sufrir el incendio de Chambèry en diciembre de 1532.

Constatadas hasta hace unos años había en nuestro territorio exactamente veintitrés copias de la Sábana, entre existentes y desaparecidas. En La Rioja había tres: Laguna de Cameros, Navarrete (desaparecida) y en la catedral de Santa María la Redonda de Logroño. En Guadalupe —Cáceres—

hay dos. En Sevilla otras dos. Una en Badalatosa y otra en la propia Sevilla (hoy desaparecida). Madrid cuenta también con dos copias, una en El Escorial y otra en Torres de la Alameda.

En los siguientes lugares solamente existe una: Alcoy (Alicante), Campillo de Aragón (Zaragoza), Castillo de Garcimuñoz (Cuenca), Escalona del Pardo (Segovia), Escamilla (Guadalajara), La Cuesta (Soria), Granada, Porreras (Mallorca), el Convento de las Madres Agustinas en Salamanca, Sanlúcar de Barrameda (Cádiz), Silos (Burgos), Toledo y el convento de Santa Catalina de Siena en Valladolid.

Precisamente a esta última, la copia de Valladolid, voy a dedicar las próximas páginas. Es la que mejor conozco al haberla estudiado directamente siempre gracias a la infinita amabilidad de las religiosas dominicas de esta localidad.

La singularidad del trazado de la copia de esta sábana hace sospechar que su origen es anterior al célebre incendio de 1532 que destrozó la Síndone turinesa, pudiéndose restaurar las partes dañadas en el mismo. De esta manera, el grupo de científicos que defiende la autenticidad de la Sábana Santa podría reconstruir, aún más, algunos aspectos de la muerte de Jesús de Nazaret.

Nadie duda de que la Semana Santa de Valladolid es una de las más importantes de España, más por la calidad de las tallas de los pasos que por la devoción de sus ciudadanos. En esas fechas se cuentan por miles los visitantes que llegan a la capital castellana con el único fin de descansar y sacar una buena instantánea a algunos de sus admirables monumentos.

La iglesia del convento de Santa Catalina de Siena, regida por las Madres Dominicas y recluida en la estrecha calle de Santo Domingo de Guzmán, alberga en su interior, entre otros tesoros, la tumba del insigne escultor Juan de Juni (1507-1577), rematada por un atlético Cristo crucificado, llamado "el Kubala" por los devotos más atrevidos. Además, en la capilla interior del convento se encuentra el orgullo de las que allí moran: un fabuloso Cristo yacente, procedente del taller de Gregorio Fernández, obra maestra del Barroco castellano. El hecho de que este Cristo solamente sea expuesto al público apenas un par de meses al año, coincidiendo con la Semana Santa, hace que el Jueves y el Viernes Santo sean cientos los curiosos que se acerquen a la iglesia para contemplarlo.

En el interior de la pequeña iglesia conventual, en el lado de la Epístola —el derecho de la iglesia—, existe una capilla de pequeñas proporciones, patronazgo del Licenciado Juan Acacio Soriano (1598); un personaje importante de finales del siglo XVI que mandó ubicar allí sus restos en un sarcófago de alabastro, hoy en no muy buenas condiciones.

Junto a la esquina sureste de esta capilla se encuentra de forma provisional desde 1993, la llamada *Replica milagrosa del Santo Sudario de Turín*. Esta pieza, conservada dentro de un panel de cristal, a pesar de su importancia histórica, pasa totalmente desapercibida a la mirada de los visitantes, cuyos ojos recaen con mayor motivo en el espléndido aunque maltrecho sarcófago de alabastro de don Juan Acacio.

El día que pedí permiso para realizar algunas fotografías de la Sábana iba con la sana intención de realizar un estudio fotográfico comparativo entre la Síndone turinesa y la reproducción vallisoletana. Con ello, ingenuamente, pretendía observar si se daba el mismo efecto tridimensional que aparece en su homóloga italiana. Tras recibir todo el apoyo por parte de Sor Milagros, la archivera del convento, de forma muy amable me abrió la iglesia para acceder a la capilla y realizar todo el trabajo.

En un primer momento, una vez encendida la luz de la capilla, me llevé una gran decepción ya que lo que a unos metros y a media luz parecía una *reproducción milagrosa*, tal y como se podía leer en el pie del marco del cristal, no era más que un dibujo realizado sobre un lienzo viejo. No obstante, el interés que había perdido al entrar en la capilla volvió a encenderse paulatinamente, a medida que escuchaba las explicaciones de Sor Milagros sobre la procedencia de la

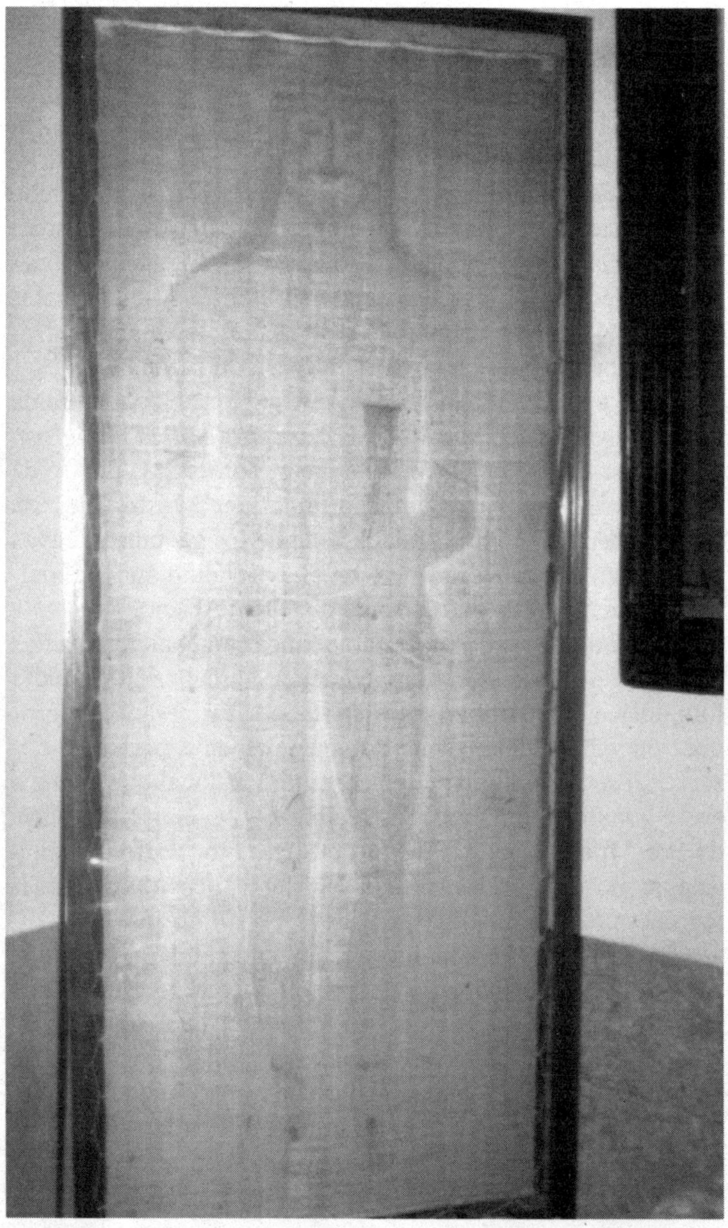

La Réplica Milagrosa de la Sábana Santa conservada en Valladolid.

Sábana, si bien ella confirmaba no tener "mucha fe en estas cosas milagrosas".

La historia de la Sábana vallisoletana enraizaba de lleno con la Casa de Alba tal y como pude apreciar en la conversación con la religiosa. La documentación dice que la Duquesa de Alba, Doña María de Toledo (1554-1612), hija de Don García de Toledo, Marqués de Villafranca, y esposa de Don Fadrique Álvarez de Toledo (muerto en 1585), a la sazón IV Duque de Alba, había fundado el convento de Nuestra Señora de La Laura allá por el 1606, antiguamente situado junto al céntrico Campo Grande en Valladolid y hoy derruido y sustituido por un moderno hospital geriátrico. Con motivo de la fundación de este enclave sagrado, según cuentan sus *Anales*, la propia Doña María entregó la réplica de la Sábana, conseguida años atrás en la guerra de Italia por el Duque de Alba, Don Fadrique.

Don Fadrique Álvarez de Toledo, Duque de Alba.

Toda la documentación original se perdió en un incendio y solamente se conservan unas copias realizadas años después. En la actualidad, los manuscritos, tras el abandono del convento de Las Lauras junto al Campo Grande, se encuentran también de forma provisional en otro convento de la orden en Palencia.

Según estos manuscritos, el adjetivo de milagrosa, le provenía a la Sábana por las circunstancias que rodearon a su aparición. En los *Anales* de 1607 (cap. IV folio 15), se relata el milagroso origen de la copia de la manera que sigue:

> (...) sucedió que al Duque Don Fadrique, al pasar por Saboya en el tiempo que hacía guerra a los herejes, porque llegando a su noticia la preciosísima reliquia del santo sudario que tiene aquella ciudad hizo llevar un pintor para que copiase aquélla santa reliquia y no teniendo más que echadas las primeras líneas, (...) se partiere luego por que estaba ya el enemigo en campaña. Viendo que no podía conseguir el fin de sus santos deseos, pidió al gran Duque de Saboya que para que no se fuera sin aquel consuelo de su devoto espíritu, mandase se pusiese sobre el Santo Sudario aquel lienzo en que deseaba se copiara, doblado para con el santo, combado se le comunicase su virtud (...) Hízose como su excelencia lo había suplicado: y Dios nuestro Señor que de los santos afectos y deseos de sus siervos quiso premiar el santo celo y devoción de su excelencia con un prodigio de su infinito poder, porque habiéndose puesto el lienzo de la manera que se refería sobre el santo sudario, al sacarle se halló en el estampado, la efigie del santo sudario pasando los dos pliegues del lienzo con santa perfección y semejanza en todo, (...) que no se pudo discernir ni reconocer cuál de los dos fuera el original o cual el milagroso. (...) Está hoy este Santo Sudario en el monasterio de La Laura, cuya historia escribimos (...) Una vez cada año el segundo día de la Pascua de Resurrección a cuya solemnidad acude innumerable gente así de la ciudad como de los lugares de su comarca. Murió pues este caballero oyendo el sacrosanto sacrificio de la misa, adorando en él a su Dios y su redentor Jesucristo. Hubo manifiestas

señales de que en la hora de su muerte le favoreció con su presencia el Apóstol San Pablo, de quien era muy devoto.

Así pues, la copia vallisoletana se encuadra en aquellas que se han realizado por contacto, distinguiéndose de otras realizadas por otros medios.

En cualquier caso, réplica milagrosa o no, la importancia de la Sábana para Valladolid ha sido extraordinaria desde cualquier punto de vista. En poco tiempo, se convirtió en la reliquia de más devoción de toda la ciudad. Hasta hace pocos

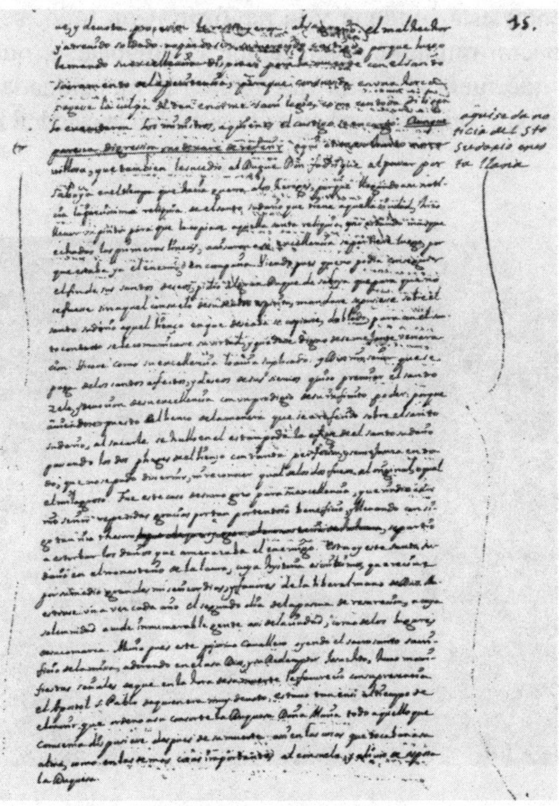

Copia de los anales en donde se relata la historia protagonizada por la copia de Valladolid.

años, tras la Pascua, se instalaban junto al citado Campo Grande unos carruseles y se organizaba la famosa *Romería del Sudario* o *Fiestas de la Sábana*, habiéndose trasladado hoy a las carpas que se instalan junto a la derruida iglesia de San Agustín. El destino ha hecho que las antiguas ferias de la Sábana hayan ido a parar a muy pocos metros de la ubicación temporal del lienzo vallisoletano, en la calle de Santo Domingo de Guzmán.

Dejando de lado la veracidad de la historia de lo sucedido y sin entrando en el carácter prodigioso o no de la Sábana de Valladolid, nadie puede negar la igualdad tipológica existente entre esta Síndone y la de Turín. Con todo, se puede afirmar con rotundidad, sin temor a equivocarse, que cualquiera que fuera el pintor que realizó la mencionada copia, tuvo ante sí el original que hoy se conserva en la catedral italiana.

El antiguo convento de Las Lauras en Valladolid, junto a la plaza Colón, hoy desaparecido.

Al igual que sucede en la reliquia de Turín, la altura del hombre allí representado es de 181 centímetros. Por su parte, la longitud de la Sábana es de 414 centímetros, medida muy cercana a los 436 de la original, si bien en el ejemplo vallisoletano da la impresión de medir exactamente la mitad —207 centímetros— ya que se conserva doblada sobre sí misma dentro de un panel de cristal. La anchura de la tela es de 80 centímetros, mientras que en la italiana es de 110 centímetros.

Además, la postura del cuerpo es idéntica y las marcas de las heridas resultan también iguales a su homónima italiana, es decir no en la palma de la mano, lugar por donde se desgarraría fácilmente la carne, sino a la altura de las muñecas. ¿Sería el lienzo más milagroso de lo que creí en un principio? Por lo menos, partíamos de la base de que nos encontrábamos ante una magnífica copia aunque el dibujo expresara la languidez propia de la pintura europea del siglo XVI. El propio lienzo se aparta del concepto de *Sábana Santa*, que se tenía por aquella época, en donde primaba la representación íntegra y a todo color del cuerpo en la tela. Aquí se aprecia una impresión tenue realizada sin pincel, idéntica al modelo turinés.

Los colores utilizados son, de igual manera, muy similares a los ocres del lienzo originario. Seguramente, para lograrlo se empleó algún tipo de óxido que, distribuyéndolo con una esponja o tampón a lo largo de las zonas que se deseaban humedecer, pudiera adoptar esa tonalidad tan exclusiva. Prueba de ello es que el ocre desborda los contornos de la silueta del hombre previamente dibujada con una especie de "lapicero" de color rojizo.

Dos detalles poco corrientes en la tipología artística de la época pueden confirmar la autenticidad de la copia. El primero de ellos es el punteado de la espalda y piernas, producto de los pinchazos o latigazos realizados con un flagelo de múltiples extremidades. En el resto de imágenes de Cristo de la época, es norma común que aparezca un rayado horizontal de forma estandarizada. Y en segundo lugar y como prueba definitiva, está la colocación de los clavos no en la palma de la mano, sino a una altura superior, casi en la muñeca, tal y como aparece en la Síndone de Turín. Precisamente, este detalle ha sido tomado como una prueba a favor de la autenticidad de la propia Síndone ya que, como hemos dicho antes, la colocación de los clavos en esta posición es la única manera de evitar que la palma de la mano se desgarre y haga caer el cuerpo del crucificado.

No obstante, hay que reconocer algún detalle ambiguo en la representación de la figura de Valladolid. Y es que sobre la cabeza destaca el dibujo de los restos de lo que parece ser una corona de espinas, cuando los análisis realizados sobre el original italiano han señalado que el Hombre de la Sábana no tuvo una corona sino una especie de casco. Seguramente, al no distinguir el pintor dicha corona en el original, ¿¡cómo podía concebirse la Sábana del Redentor sin los restos de una corona de espinas!?

La parte más llamativa del hombre dibujado sobre el lienzo vallisoletano, sin lugar a dudas, es la que se corresponde con los brazos y en especial la cercana a los codos,

Parte trasera de la Réplica Milagrosa de la Sábana Santa de Turín conservada en Valladolid.

que en la Sábana original turinesa fueron tapados posteriormente con un basto remiendo tras el incendio que sufrió en
Chambèry (Francia) en 1532. En la fatídica noche del 3 al 4
de diciembre el fuego provocó el recalentamiento de la urna-
relicario de plata que contenía la Sábana haciendo que algunas partes llegaran a fundirse y cayeran sobre la tela doblada,
provocando los conocidos agujeros en forma de pera que
luego fueron piadosamente remendados por unas monjas.

En la copia de Valladolid se puede advertir perfectamente la presencia de unas llamativas marcas en forma de aspa
—sobre el codo derecho— y de diagonal —sobre el codo
izquierdo—. No podemos dar un origen concluyente a estos
misteriosos estigmas hasta que no se realice sobre la Sábana
un estudio forense exhaustivo. Sin embargo, podemos apun-
tar a modo de posibilidad, que estas marcas pudieron ser
debidas a dos razones factibles. Por una parte, podría tratarse de las señales que le quedaron al Hombre de la Sábana tras
haber sido atado fuertemente con los brazos a la espalda
durante su tortura, o bien, alguna cicatriz originada por las
sogas que le sujetaban a la cruz en el momento de su muerte. Entonces, ¿es la Sábana de Valladolid anterior al incendio
de Chambèry?

Para conocer la fecha exacta de la copia milagrosa, la
documentación del convento parece no dar muchas facilida-
des. Se limita a mencionar la traída de la Sábana desde una
guerra por parte de un Don Fadrique. Al no especificar qué
Fadrique fue el que trajo la Sábana desde una guerra tampoco determinada, siempre se ha pensado que se refería a Don
Fadrique Álvarez de Toledo, IV Duque de Alba y esposo de
Doña María de Toledo, la fundadora del convento. La existencia de otro Fadrique, II Duque de Alba, muerto en 1527,
abría esperanzas en la investigación ya que, como sospecha-
ba, podría tratarse de una copia realizada antes del incendio
sufrido en Chambèry en diciembre de 1532 y que dañó algunas partes de la Sábana, aquellas que aparecían perfectamente reconstruidas en el Sudario de Valladolid.

Chambèry fue posiblemente el lugar en donde se realizó la copia a comienzos del siglo XVI, fecha que, por otra parte, casaría con la suposición de que realmente fue Don Fadrique II y no IV, quien mandó pintar la copia.

Otra fuente, la obra *Vida de San Carlos Borromeo*, escrita en 1752 por el Padre Juan de Loyola, señala que la Sábana había sido copiada en Chambèry en 1567. Sin embargo, otros documentos hacen sospechar que difícilmente Don Fadrique, IV Duque de Alba, pudo haber participado en aquellas fechas en alguna batalla en Chambèry.

Con todo, la documentación existente no hace más que complicar la datación de la Sábana. Posiblemente no sea hasta que se realice un examen completo de la Síndone de Valladolid, cuando realmente podamos llegar a alguna conclusión acertada.

Si realmente la Síndone de Turín es auténtica, es decir del siglo I y no necesariamente la de Jesús, la Sábana de Valladolid puede abrir nuevas puertas a la investigación para poder obtener conclusiones inéditas sobre el método de martirio utilizado con este desdichado.

Bibliografía

ALARCÓN BENITO, Juan: *La Sábana Santa. El gran misterio del cristianismo*, Ed. Temas de Hoy, Madrid, 1994.

GALICIA, Carlos: *La copia "milagrosa" de Valladolid,* en *Más Allá de la Ciencia*, n.º 50, abril de 1993, págs. 32-33, Dossier Semana Santa.

PORTER, Carmen: *La Sábana Santa*, Ed. EDAF, Madrid, 2003.

Capítulo 30

Los días perdidos de Agatha Christie

ersonajes como el inefable Hércules Poirot, la delicada Miss Marple o novelas de la talla de *Diez Negritos, La muerte de Rogelio Acroyd,* o *El misterioso caso de Styles,* son parte del legado literario de Agatha Christie. En la primera entrega de *La Historia Perdida* acababa el libro con la presentación de Beatrix Potter, autora de personajes tan universales como Peter Rabbit, Perico el Conejo Travieso, el mismo que me acompaña en la fotografía de la solapa del libro. En esta ocasión, por qué no, he querido acabar este libro con una historia singular protagonizada también por una mujer especial. Son muy pocos los que conocen que en la vida de Agatha Christie hubo un momento inesperado que sigue desconcertando a todos sus biógrafos.

En 1997 la prestigiosa cadena de televisión británica BBC emitió un insólito documental acerca de uno de los momentos más enigmáticos en la vida de la novelista. Para un proyecto tan delicado se contrataron los servicios de uno de los mejores investigadores y a la par, conocedores de la vida de esta extraordinaria mujer. El nombre de este asesor era Jared Kade y su trabajo, además de ser volcado en el guión del documental, al año siguiente vio la luz en forma de libro con el sugestivo título de *Agatha Christie and the eleven missing days* («Agatha Christie y los once días perdidos»). En su libro, el investigador británico relataba con todo lujo de detalles uno de los capítulos más oscuros de la vida de esta escritora de novelas policíacas y de teatro: su misteriosa desaparición en diciembre de 1926, circunstancia que mantuvo en jaque a toda la sociedad británica de los felices año veinte.

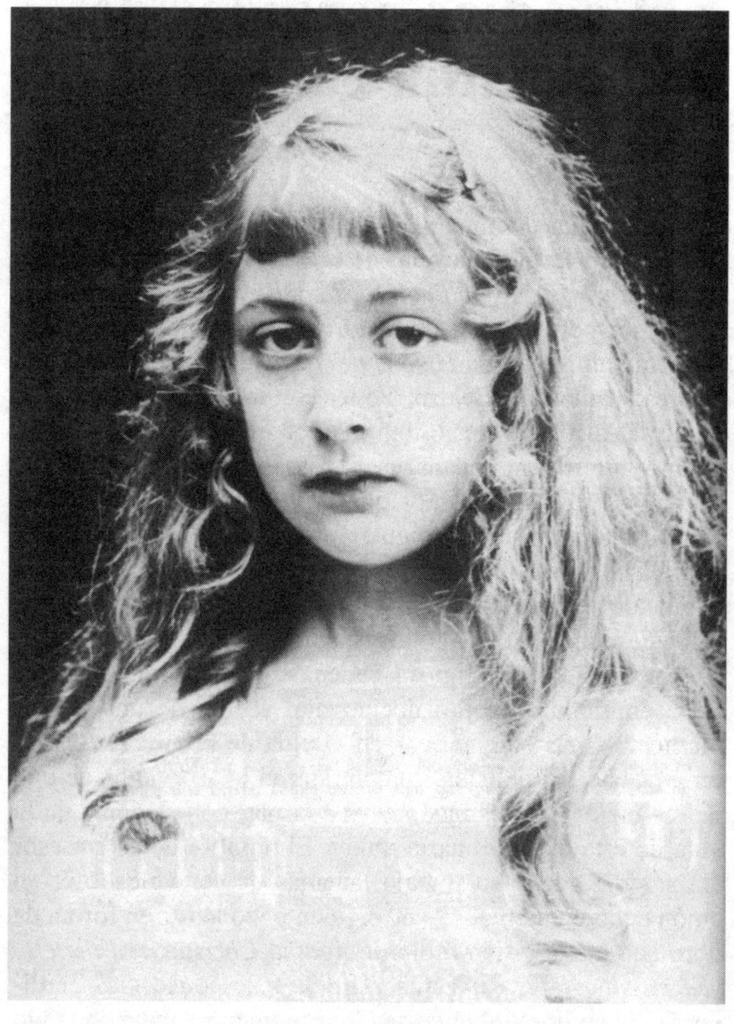

Agatha Christie de niña.

Agatha Christie Mallowan nació en 1891 en Torqay (Gran Bretaña). Su prolífica carrera como escritora comenzó en 1920 con la publicación de *El misterioso caso Styles* y que supuso al poco tiempo de salir a la calle todo un éxito editorial sin precedentes. Tras casarse con el coronel Archibald Christie, de quien tomaría su apellido para el resto de su vida, acabó divorciándose de él en 1928. Dos años después Agatha Christie realizó un viaje por Irak y Siria. En su visita a la ciudad bíblica de Ur tuvo la oportunidad de ver *in situ* la excavación que Michael Wooley estaba llevando a cabo en las espectaculares tumbas reales que ya he mencionado en dos capítulos de este libro. En esta excavación conoció a Max Mallowan, 15 años más joven que ella, secretario del propio Wooley y que años más tarde recibiría el título de Sir por su excepcional trabajo como arqueólogo y catedrático en Londres. Desde entonces no se separaría nunca de él, circuns-

Agatha Christie junto a su esposo, Max Mallowan, a caballo en una de sus estancias en Oriente Próximo.

tancia que le sirvió para recopilar información que luego vertió en algunas de sus novelas policíacas más conocidas como *Asesinato en Mesopotamia* (1930), *Poirot en Egipto* (1937), *Cita con la muerte* (1938) y *La Venganza de Nofret* (1945).

La fría noche del viernes 3 de diciembre de 1926 Agatha Christie desapareció repentinamente sin dejar una sola huella. A las once de la mañana del día siguiente el superintendente de la policía de Surrey puso por escrito el informe de un supuesto accidente de tráfico que había tenido lugar en Newsland Corner, muy cerca de Guildford. Allí había aparecido el vehículo de dos asientos tipo Morris de Agatha Christie metido en la cuneta y con el capó empotrado en unos matorrales. No había ninguna señal de la escritora. Sin embargo, todo parecía señalar que no podría haber ido muy lejos ya que, en pleno y crudo invierno, la escritora se había atrevido a dejar dentro del coche su abrigo de piel.

La escritora inglesa en la época en que su fama comenzaba a crecer como autora de novelas policíacas.

La misma tarde del día 4, la noticia ya había llegado a oídos de la prensa. No tardaron en especular con la posibilidad de un misterioso suicidio o, yendo más lejos, que la propia Agatha Christie había protagonizado una historia similar a las que ella misma planteaba en sus novelas. En los días sucesivos se organizaron varias redadas para buscar alguna pista de la célebre escritora en los alrededores de Newlands Corner. Pero todas ellas resultaron infructuosas.

La misteriosa desaparición acabó el día 14 de ese mismo mes de diciembre. Once días después del comienzo de los hechos el gerente de un balneario en Harrogate, al norte de Yorkshire, descubrió sorprendido que una de las mujeres que permanecían como huéspedes en su hotel parecía corresponderse con las fotografías que la prensa había publicado de Agatha Christie. Tras avisar a la policía y llegar la noticia a oídos de su esposo, este cogió el primer tren de la tarde para ir a buscar a su mujer.

El arqueólogo inglés Max Mallowan, esposo de Agatha Christie.

Al parecer, la escritora había reservado una habitación de lujo en la primera planta por siete guineas a la semana y, en palabras del gerente del hotel, parecía «normal y feliz. Bailaba, cantaba y jugaba al billar, leía los periódicos relativos a su propia desaparición, charlaba con otros huéspedes del balneario, e incluso se iba a dar paseos con ellos».

Todos sus biógrafos y la propia explicación que se dio en la época es que por razones desconocidas Agatha Christie sufrió una repentina amnesia. Sin embargo, parece increíble que la escritora no fuera capaz de reconocerse en las fotografías de los periódicos que precisamente hablaban de ella misma. Otros pensaron en un posible montaje publicitario. Por su parte, el documental de la BBC proponía una nueva explicación al caso: Agatha Christie en realidad confeccionó el extraño montaje para espiar las infidelidades de su marido, Archibald Christie, que, dándole la razón, acabó separándose de ella al poco tiempo al confirmar que tenía una amante. En cualquier caso, nadie ha podido añadir la última palabra sobre la desaparición de la más insigne escritora de novelas policíacas de todos los tiempos.

Agatha Christie, en el centro de la fotografía, durante un baile.

Bibliografía

CHRISTIE, Agatha: *Agatha Christie. Autobiografía*, Ed. Molino, Barcelona, 1980.

KADE, Jared: *Agatha Christie and the Eleven Missing Days*, Ed. Peter Owen, Londres, 1998.

WILSON, C. & D.: *The mammoth encyclopedia of unsolved mysteries*, Constable & Robinson, Londres, 2000.

Contactos

Al igual que en la primera entrega de *La Historia Perdida*, y como viene siendo habitual en todos mis trabajos, dedico la última página para ofrecer mi e-mail y mi apartado de correos para los que deseen escribir sus comentarios, matizaciones, críticas, etcétera. Como anunciaba en la anterior ocasión seguro que todavía me queda mucho que aprender. A todos los que escriban, vaya mi agradecimiento de antemano.

E-mail: **nachoares@mixmail.com**

Nacho Ares
Apartado de Correos 18.102
28080 Madrid (España)